轟鳴未曾遠去：

從日本海軍第六十一航空廠到岡山醒村

邱睦容
林玉萍、陳信安

CONTENTS

目錄

推薦序　另一種轟鳴

國立高雄師範大學跨領域藝術研究所助理教授　高俊宏

二〇二〇年，筆者因緣際會之下來到岡山樂群村三號駐村，有機會接觸豐富的岡山歷史與人文風貌，包含了鄭成功時期的地名記憶、平埔族的足跡、國府遷臺後的眷村文化，以及今日世界著名的螺絲工業……其中，日本殖民時期的第六十一航空廠以及岡山大轟炸的諸多事蹟，更是無法抹滅的一部分。

在睦容邀請寫序文的當下，既覺理當又感到理虧。理當之處是，即便才剛剛開始認識岡山，就深受其特色所吸引，嚴格來說，是對於岡山與臺灣現代史之間的聯繫如此深刻，包含了承受無情大轟炸的「命運」所觸動，因此覺得是該投筆贊聲。理虧之處，當然也是因為初來乍到，在許多專精的研究者之前，怎麼有餘地提供什麼建設性的序文？

無論如何，厚顏地承接下此一任務，無非也是促使自己更理解岡山的一步。《轟鳴未曾遠去：從日本海軍第六十一航空廠到岡山醒村》一書，採取了遠近描摹的互透式寫作法，從現身在二〇二〇年岡山的一場講座中的兩位黃先生：黃明得與黃山年，一位是日本海軍第六十一航空廠的臺籍員工，另外一位則是來自於上海的從軍青年，兩人最後的交會點就在岡山，藉小人物的事蹟勾勒出屬於這座平原城市的大時代背景。接著，以系譜的方式回溯日殖時期臺灣飛行兵器的演進，特別珍貴地梳理了少有人探究的飛機參與了原住民的理蕃行動，以及運輸航空器在臺灣的發展。隨後，再次將鏡頭縮回，定焦在岡山的海軍航空廠以及醒村的部分，由此展開了一段動人的追索。

所謂動人，並不僅是資料搜集與分析的嚴謹，更多的是感受到一股探究逝去時光的執著與身影。從這本書可以看到，作者是擅於搜尋檔案的，筆者在從事理蕃戰爭的研究時，也經常面對茫然大海一般的文獻，而常在意外如曙光一般的發現時，從而感到無比的振奮，猜想作者在寫這本書的過程中也有許多這樣的時刻。檔案作為某種「歷史行動者」自是不在話下，然而，真正的重點在於如何解讀檔案中的模糊地帶，這就有賴普遍的原則理解及對特定場域、以及對象的知識背景之掌握，就這點而言，本書是相當成功的。最令人印象深刻的是對於「第六十一海軍航空廠（臺北）要圖」裡，關於航空場廠疏散到「龜山」的位置推測，最後所驗證的地點並非我們所熟悉的桃園龜山，而是隱身在外雙溪山區的某個神秘隧道。記得同樣研究泰雅族的歷史學者傅琪貽教授不斷對筆者耳提面命，研究歷史同時要對檔案與地理參透！這點，我們在本書中看到了不僅一例。

除此之外，我們也看到以現地考據的精神，重返岡山相關的戰爭地景，包含了機場周遭的掩體與機砲塔、機槍塔，以及隱藏在航校裡面的丸龜型防空壕與溝渠，白色的地下通道（室）入口，則讓人聯想到吳明益小說中的岡山戰爭場景。隱約幽暗的建築與工構遺存裡，依然能夠感受到昔日晃動的人影。而人，則是本書的另一個重點。我們特別看到對於岡山明德豆瓣醬劉明德一家幾代人的故事，串起了肅殺的國府管控下，一位被逐出軍隊的機械士如何藉由豆瓣醬重新立地，並且由後代接手發揚光大。我們也看到黃明得老先生的一生，怎麼樣從後協的大戶人家之子轉變成航空廠的員工，並且參與了日本太平洋戰爭的後勤作戰，在經歷了九死一生的岡山大轟炸，在日本人離開以後處於孑然一身之境，受到當時的空軍通信學校的方校長提拔，重新找到生命的出路。筆者也在二〇二二年訪問黃明得先生，他提到自己交代兒女子孫，未來若是遇見方校長一家後代，還是要尊敬地以禮相待，顯示出了濃厚的知遇之恩，也讓我們看到了戰爭時期的命懸一系與真摯的情感。

這本書，推薦給你們。歷史並非只是尋找與求證，也不僅是藉此來認識自己。似乎，藉由歷史的追尋，我們更懂得他人，也更能夠藉此更加關心我們所不認識的一切。從這本書，我們隱約聽到了這股急切的聲音，另一種轟鳴。

推薦序　相遇時互放的光亮

國立臺灣大學地理資源學系　洪廣冀

二〇二〇年十二月，兩位九十餘歲的老先生，在一場於高雄岡山醒村舉辦的座談會中，面對台下滿場的觀眾，娓娓道出自己的人生，以及生活在醒村的點點滴滴。負責籌劃此座談會的團隊，以如下文字介紹此座談會的目的：

> 老先生剛好都姓黃，一位來自上海，一位來自岡山，如果不是戰爭，或許他們根本不會在此相遇。在地上修造兵器、在天上駕駛飛機，戰火、流離、遷徙而後再定居，戰爭安排了兩位老先生的人生，所遭遇的那段過去，則凝結在這棟建築裡。

前述文字即是《轟鳴未曾遠去》一書的開頭。至於為何會有這本書？又牽涉二〇一五年公視推出的影集《一把青》。此影集係根據白先勇的短篇小說而來；以二次世界大戰為背景，該影集細膩地描繪空軍飛官與眷屬間的愛恨情仇。劇組挑選了醒村為主要場景。在拍攝之際，人們對於該村的理解為空軍官校眷舍，前身則為日本海軍高雄航空隊宿舍。

據《轟鳴未曾遠去》的說法，「醒村」之名來自「中日戰爭爆發前夕，在杭州筧橋中央航校附近所建空軍軍官住宅區之名」；民間則認為「空軍翱翔在天，地上的家眷永遠睜眼醒著等待親人歸來」。二〇〇六年，基於「國軍老舊眷村改建條例」，醒村原住戶遷往新建國宅，醒村則逐步為新住民—即灌叢、蔓藤與擅長在老舊建築之縫隙中成長茁壯的雀榕—所進駐。二〇一七年，在立法委員、地方文史工作者與岡山居民的奔走下，醒村被登錄為文化景觀，研究團隊也開始從檔案中梳理該村的身世。在過程中，團隊發現一張「日本海軍高雄警備府檔案圖像」，從而改寫了醒村的出生證明。原來，醒村的前身並非日本海軍高雄航空隊宿舍，反倒是岡山日本海軍第六十一航空廠的員工宿舍。換言之，回到源頭，這個目前叫做「醒村」的所在，不僅曾經是盼望著家人能平安歸來之空軍眷屬的家園，同時也是讓飛機得以飛上天的軍事重鎮。此發現有何意義？原本以為在日治末期大空襲中已灰飛湮滅的岡山日本海軍第六十一航空廠，至少還有幾排連棟宿舍得以證明其存在。當然，就「文化景觀」而言，只有存在證明是不夠的；景觀從來就不會只是建築、器具等等物而已，同等重要的物與人共舞的文化，乃至於當曾經活出此文化的人們已然遠颺，當代的人們如何透過這些物去觀察與想像這個文化，及賦予此文化新的生命。

《轟鳴未曾遠去》是一本關於戰爭的書，指涉的戰爭為第二次世界大戰，還有戰後美蘇兩大超級強權的冷戰。在本書中，讀者會讀到戰爭如何導致人與人、人與物的分離。例如，該書告訴我們，佔地達三百八十甲、於一九三九年動工的海軍第六十一航空廠，場址為後協的土地。這個自明鄭時期子有部隊駐紮、歷史達兩百餘年的聚落，從此被連根拔起，甚至連居民的信仰中心後協協和宮代天府也被遷移；對此段歷史，耆老黃明得的記憶是，「日本人要用這塊作軍事基地，不用老百姓同意，畫了（圖）就是拆」。至於以該廠為目標之一的岡山大空襲，則造成更為慘烈的生離死別。一九四四年十月十六日，即美軍轟炸的最後一天，該廠地下室仍有工員工作。然而，轟炸命中了大水管，地下室遭水淹沒，而逃生門也因扭曲而無法打開，一百多人就此命喪黃泉。當倖存者終於打開地下室時，已是十餘天後，屍臭瀰漫。當這百具冰冷的屍體被送到火化場火化時，或因高溫，屍體竟然坐了起來。曾目睹此景的耆老王文清形容，「這一生即使把我的頭剁下來，還記在我腦海裡」。

戰爭也促成了各種意外的相遇。出身岡山與上海的兩位黃先生為其中一例。《轟鳴未曾遠去》還告訴我們，當一九四一年十月二十五日航空廠開始運作後，來自臺灣甚至帝國各地的日本人與臺灣人，也就匯聚於此，設法在這個帝國之南的殖民地，在物資奇缺的條件下，打造出可以升空的教練機與戰機。一九四八年秋季，隨著國民黨敗局已現，空軍總司令周至柔決定將空軍通信學校、空軍機械學校、空軍軍官官校於岡山復校。於是，原本組成已相當異質的岡山，又成為三千餘人安身立命的所在。

說來意外，人與人、人與物於岡山的相遇境孕育了岡山在地的好味道。讀了《轟鳴未曾遠去》後，我才知道，岡山遠近馳名的明德與梁氏豆瓣醬，與海軍第六十一航空廠的設置也脫不了關係。這個在臺灣料理中不時可見的調味料，銘刻著既非渡海來台的外省味，也非自古綿延至今的鄉土味，反倒是兩者奇妙的混合，在難以被歸類的同時，同樣無可取代。

《轟鳴未曾遠去》始於一場相遇，說的是種種相遇與離別的故事，而這本書本身也是出自不同領域之研究者的相遇。本書作者邱睦容目前為臺灣大學地理環境資源學系的碩士生，以戰後臺灣之墓葬空間的治理為論文題目；林玉萍為空軍航空技術學院助理教授，以研究技術基層與空軍地勤人員為職志；陳信安出身建築學，為嘉南藥理大學觀光事業管理系助理教授，關心臺灣各地的軍事遺跡。三位不同領域的作者，出自對於地方文史的熱情，在疫情期間，竭盡所能地收羅各類材料，以流暢、完全看不出是三人合著的敘事手法，為人去樓空的醒村，譜出一首動聽的奏鳴曲。他們就宛若本書主人翁之一的劉明德先生一般，在以蠶豆與辣椒為主的川式豆瓣醬中，添加臺灣黃豆的鮮甜與麻油的香氣，調出屬於岡山的好滋味。如果說本書就如一匙豆瓣醬，它要調味的就是各位讀者的生命經驗。要讓歷史的轟鳴不至於就此遠去，端賴各位以身

體去經驗與品味歷史，乃至於歷史在空間中刻畫出的紋理。

在《遠方的鼓聲》中，還未以《挪威的森林》成名的村上春樹寫道，有天醒來，他聽見了遠方的大鼓聲，從遙遠的地方與時間中傳來。聽著這若有似無的聲響，村上春樹說他無論如何想要做次長途旅行。

你也聽見了嗎？

序言

八十年前的回憶

二〇二〇年，一場講座在岡山一棟初修復完成的眷村建築中舉行。十二月末的暖陽從窗口鑽入，照在臺前的兩位講者身上，講者並不是某某學者或老師，而是兩位年過九十的老先生；這棟建築也非想像中的一般眷村，不是常見的那種紅磚平房，而是兩層樓高、帶著連續拱圈，混合了磚造、木構與鋼筋混凝土三種材料的建築，外牆是灰色的洗石子，乍看更像是氣派的洋式別館，一連五排。

坐在簡易的講桌後，兩位老先生顫巍巍地輪流傳遞麥克風，說著自己與這裡的回憶。老先生剛好都姓黃，一位來自上海，一位來自岡山，如果不是戰爭，或許他們根本不會在此相遇。

在地上修造兵器、在天上駕駛飛機，戰火、流離、遷徙而後再定居，戰爭安排了兩位老先生的人生，所遭遇的那段過去，則凝結在這棟建築裡。

他們的一九四〇年代

——當日本 leh 建航空廠 ê 時陣，我已經公學校畢業。彼陣阮若是欲趁錢 hoon，著來做這建築 ê 粗工上好趁，一日會使趁九角。

建廠我就佇這个所在做童工，我做十九冬ê日本人。航空廠開工時，我就去考，考入來做工員。咱遮上低級ê工員差不多有一、二萬人，大部份攏臺灣人hoon，上下班ê時，hooh，車馬攏行袂入去。▲(1)（黃明得，一九二六年出生於鳳山，後遷至岡山）

——抗戰時我在上海念書，那時候的年輕人，愛國心非常強，報紙上滿滿都是「尋人啟事」，尋人啟事就是說，孩子逃掉了，父母不知道，就登報找人。年輕人是跑去當兵，我就是那時候跟其他同學一起離開家。聽說我爸爸媽媽久了以後也登報，怕我是被日本人抓去了。所以我後來就想……我非常對不起我父母，沒有告別，就這樣逃掉了，為他們帶來痛苦。(2)（黃山年，一九二四年出生於上海）

一九四一年，黃明得在岡山。幾年前他們家族的祖厝因為蓋航空廠之故，被日本人徵收，整個家族遷移到附近重劃好的地，即今日協和里協和宮附近。新家和航空廠並不很遠的距離，可以看到附近的工地正在大興土木，在那幾年，儘管戰火還未直接迫近臺灣，但在黃明得的生活周遭也確實起了些許變化，像是曾經就讀的公學校，改制成了國民學

▲當時日本人在建航空廠時，我已經公學校畢業。那時候我們若是想賺錢，就是來做建築的粗工最好賺，一日可以賺九角。建廠我就在這做童工，我（已經）做了十九年的日本人，等航空廠開廠後，我就去考，考進來做工員。那時候最低階的工員一、二萬人，大多都是臺灣人喔，上下班的時候，都滿滿的人。

校；總督府推動臺灣人改成日本姓名，姓林的改成「二木」、姓陳的改為「東城」，名字則可保留原本的，或選擇常見的日本男子與女子名；由於高雄海軍航空隊的基地設置在岡山的緣故，抬頭也不時可以看到飛行機在天際掠過。戰爭對於臺灣人來說是矛盾的，有人懷著要報效日本帝國的心，也有人如黃明得一樣，在心中保持著日本和臺灣是殖民關係的意識，但無論如何，眼前還是能夠餵飽自己最重要，於是他加入了那塊在祖厝土地上的航空廠建築工事，而工廠東邊的不遠處，也有一片土地正在蓋房子，但要到了成為工廠的工員之後，他才知道遠處那幾排房子的存在，還有工廠與這些房子的關係。

一九四二年，黃山年在上海。完成高中學業後，恰逢國民政府在上海招募青年到後方去，組織一個青年訓練班，地下組織的工作人員找上了他。當時對日抗戰已持續多年，許多年輕人都有著愛國心，黃山年就和同學一起加入青年軍。對家裡人不告而別，身上沒有半點錢的他們，向親戚借了六十塊錢，添購了一些衣物，經歷了或許是十八年人生中的第一次外宿，隔日清早在橋上透過組織人員的指引搭上了船，航行在搖搖晃晃的蘇州河上，開始了三十五年的軍旅生涯。歷經了青年軍、空軍與在印度和美國嚴格的飛行訓練，戰爭卻在黃山年受訓時結束，無緣實踐當年參軍的抱負。一九四九年，他接到指示，隨著軍隊來到臺灣，先待在桃園，一直到一九五三年才來到岡山，來的那年是夏天，和太太兩人睡在一排連棟樓房的二樓，搬來沒多久剛好遭遇了一個大颱風，甚至把屋頂都吹走了，只得暫時搬到附近的公共理髮廳住了二、三個月，等屋頂修復完成後才搬回來。那幾排破舊的房子，就在修修補補間，成了他住了三十多年的家。

黃明得在岡山的航空廠工作，負責修造那些為日本帝國出征的飛行機，一直到一九四五年日本戰敗，才結束了軍工廠的工員身份。黃山年在天上駕駛飛機，他奔波在中國東部，為中華民國執行和共產黨作戰的任務，第一次到臺灣岡山，是一九五三年。前後相隔不到十年的時間，兩位老先生的身影在這幾排房子中交錯。同樣的空間、不同的執政者，以及隨著政權更迭而來到這裡的人群，他們與這些房子的故事，歷經幾十載的光陰，那些原本鮮明的時刻也隨著人事的凋零而被淡忘。

七十年後重返視線

二〇一五年，公視推出影集《一把青》，劇本改編自白先勇的短篇小說，透過影視作品的再詮釋，將一九四〇年代的戰爭、空軍飛官與眷屬的情感與經歷，重新拉回大眾的眼前。隨著亮眼的收視率和數項金鐘大獎的肯定，使得劇中出現的場景也受到注目，這部以空軍為題材的戲劇，主要場景之一的仁愛東村，選定了高雄岡山的一處眷村拍攝，無獨有偶地，剛好也是一座空軍眷村。

被選中的眷村，名喚「醒村」，是日本時代遺留下來的建築，為鄰近的空軍官校眷舍。醒村之名來自一九三〇年代中日戰爭爆發前夕，在杭州筧橋中央航校附近所建空軍軍官住宅區之名，但民間也有說法是「空軍翱翔在天，地上的家眷永遠睜眼醒著等待親人歸來」[1](3)，無論是哪一種，都反映了眷村建立的時代背景。二〇〇六年，因配合「國軍老舊眷村改建條例」的規定，醒村的原住戶們搬遷至新建的國宅，儘管在二〇〇九年時，醒村內的兩棟房子被登錄為歷史建築，但人去樓空後，建築閒置了十餘年，樹枝紛紛攀爬於屋子上，直到被「一把青」劇組相中，成為拍攝場地後而再次受到關注，吸引了許多影迷造訪。也因為影集的加持，使得原先位於市地重劃區範圍內，原預計只保留兩棟歷史建築、將其他棟建築拆除的醒村，在岡山居民、文史工作者、立法委員等各方奔走下，於二〇一七年被登錄為文化景觀，得以全區保存。

因文化景觀的登錄而有了文化部調查研究經費的挹注，高雄市文化局啟動了醒村建築與歷史的調查研究案，承接此研究案的「財團法人古

1 此說為地方文史工作者楊双福先生所提供。

都保存再生文教基金會」團隊，在調查過程中，無意間發現了一張由檔案管理局典藏的「日本海軍高雄警備府檔案圖像」(4)，至此揭開了醒村建築的身世之謎。多年來一直被認為是日治時期在岡山興建、作為日本海軍高雄航空隊宿舍的醒村，其實並不是飛行員宿舍，而是隸屬於距離更近的岡山日本海軍第六十一航空廠，作為在航空廠工作的工員所住宿舍。這個重大發現，讓因為日治末期大空襲，而全廠建築近乎覆沒的岡山日本海軍第六十一航空廠，在原有工廠的附近，留下了最為直接、曾經存在於地表上的證明。而這幾排被誤認身世的醒村連棟宿舍，就是兩位老先生先後交錯到來，又在近八十年後因為一場演講而重返的建築。

儘管岡山日本海軍第六十一航空廠的工員宿舍未隨著戰火而消失，但人的記憶卻會。不過幾十年過去，甚至不滿百年，關於這幾排連棟宿舍在日治時期與航空廠的關聯，就已經埋沒在當地人的記憶中，無人知曉。所幸，隨著檔案的開放、臺灣史與軍事史學者的深入，使得今日有機會重新將這些被遺忘的過去一一拾回，並且進一步地，在當代找到那些迴盪至今的歷史餘波。

只存在於岡山的戰爭記憶

日本海軍第六十一航空廠的工員宿舍是一個歷史線頭，而這個線頭勾起的，是一團關於戰爭的過去與現在——這個過去日本帝國在臺灣規模最大的航空工廠，還有受美軍投彈量最大的高雄和岡山大空襲，與今日高雄作為工業城市的印象被認識，這些關於高雄的事實切片，透過航空廠這條重要的線索，有助於勾勒出更多的關聯。然而，歷史不僅是關於過去的事情，我們也同樣好奇，戰爭在這個島嶼上，到底留下了什麼？是那些分散在全臺這些超過九十歲長輩們，腦中海馬迴逐漸退化的殘缺；是在被炸彈炙燒過的土地上，仍能找到的幾個地下通氣孔、一道通往地下室卻無法開啟的門；還是在岡山的街道上，一間間醬園釀出來的味道，或就在路邊一座座未知名的鋼筋混凝土構造物中？

約莫八十年前（一九四一年），日本海軍第六十一航空廠在岡山街落成，僅在土地上矗立不過四、五年時間，隨即被戰火炸得粉碎，但那幾年的存在並沒有隨著物質煙消雲散，而是在往後島嶼的發展中留了下來，八十年後的今天，我們從岡山的土地出發，復返這段過去，這是一段對於眼前地景「何以如此」的提問，也是試圖展開和這段被遺忘的時間，重新相遇的旅程。

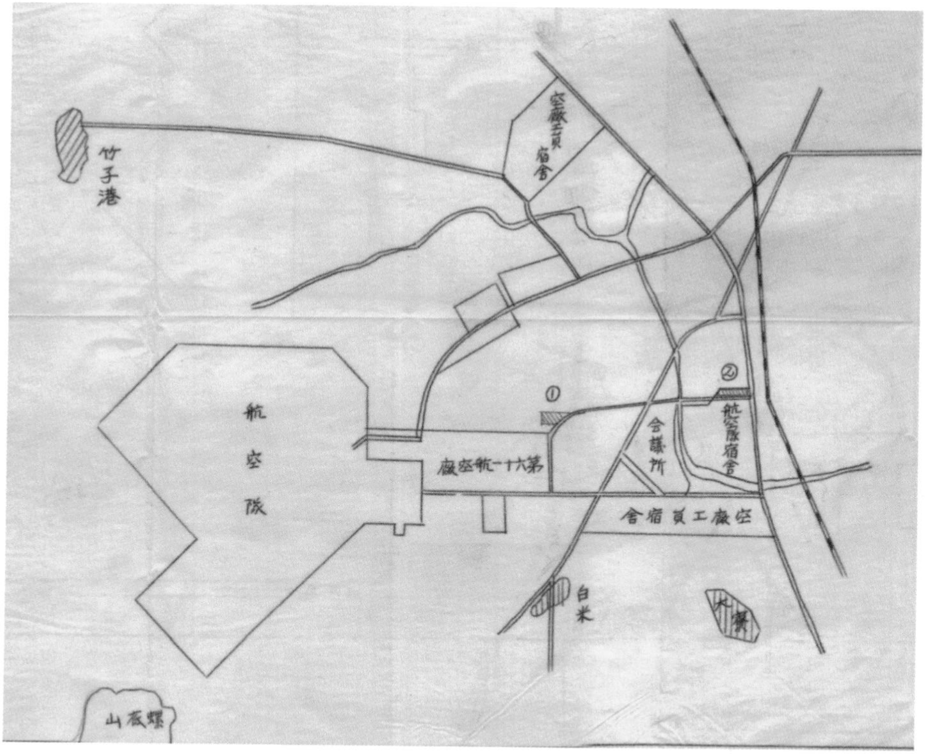

圖 1：指認出醒村為航空廠工員宿舍的關鍵圖資。此為 1940 年代高雄警備府規劃興建一批假設建物（臨時建築）所使用的底圖，圖中東南側與西北側各設有一處「空廠工員宿舍」，位於東南側「空廠工員宿舍」範圍（本圖右下角）即包含戰後的醒村位置。

圖資來源：國家檔案管理局典藏國軍檔案影像，檔號：B5018230601=0034=701.1=6010=virtual032=virtual012=0003。

第一章

飄著太陽旗的海外航空城

一、不只是飛行的想望

兩位老先生和飛機交纏的人生，是時代所賦予的命運。他們的出生，正好接續在人類對於飛行想像的萌芽後，那個競相在空中以巨大螺旋槳飛機角逐制空權的一九二〇年代。

讓我們再把時間倒退一點，來到飛機在臺灣初登場的那時。一九〇三年萊特兄弟（The Wright brothers - Orville & Wilbur Wright）成功駕駛動力飛機起飛後，掀起了一九一〇年代航空產業的興起與歐美各國的飛行浪潮，作為亞洲先進國的日本，也加入了此一行列，而殖民地臺灣，便跟著在同一時期，有了飛機在空中航行。對臺灣民眾來說，首次看到飛機馳騁於天際，是在萊特兄弟飛行成功的十一年後。一九一四年三月二十一日，於臺北馬場町練兵場（現萬華「青年公園」附近），臺灣總督府聯合民間財團邀聘日本飛行家野島銀藏來臺進行的飛行表演。當時約有三萬多人共同仰頭——看見了在離地約一百公尺處，一架美國製雙翼螺旋槳複葉座機「隼鷹號」在空中盤旋了四分鐘，這是臺灣總督府第一次以官方立場公開地向臺灣人介紹飛機，有著宣示航空發展的意味。

萬人空巷的飛行表演也不只是單次性的事件，飛行的引入轉動了島嶼未來命運。如果把兩位老先生出生前的時間切片，後設地看見每一次事件背後的意圖，或許就有助於理解，為什麼他們所接觸到的世界，會是長這個樣子？

秘密的山林飛行

在馬場町練兵場公開表演的前兩年，其實就已經有飛機秘密飛行於臺灣的山林中了。這兩張照片，或許就是臺灣史上的第一張「空拍照」。

根據軍事史研究學者曾令毅的研究，一九一二年夏季，日本海軍的新購軍機在中部山區試飛，並拍下了能高郡與新高郡（今南投埔里鎮與信義鄉）一帶的山林寫真。[1] 若把一九一〇年代的時空背景考慮進去，飛機在臺登場的時間，恰好是被稱為「鐵血總督」的佐久間左馬太推行「五年理蕃計畫」（一九一〇至一九一五年）最熾的那幾年。

這次的秘密飛行，推測目的是利用飛機進入難以到達的深山，以掌握「蕃情」。然而，飛行不僅可以進入深山偵查，一九一七年日本陸軍航空隊在臺進行耐熱飛行訓練，更意外發現飛機呼嘯飛過重重山林時，伴隨著的暴風和巨大聲響，有震懾蕃人的效果。兩年後，總督府警察總署便開設「警察航空班」（一說「警察飛行班」），在臺灣各地建立飛

飛行機上より見たる林相

能高郡埔里街小埔社附近（一・七〇〇米上空撮影）

新高郡蕃地イソガン社附近（一・六〇〇米上空撮影）

圖 4：秘密飛行 13 年後出版的《臺灣の山林》雜誌，記載了當時空拍的影像。

圖資來源：臺灣山林會，〈卷頭言：飛行機と林業〉，《臺灣の山林》（臺北：臺灣山林會，1935 年 3 月），未編碼（含卷頭所附空照圖）。

行場，以飛機「理蕃」了。至此之後，只要有蕃社發生械鬥或不服日人管理之事，就會嘗到飛機所載炸彈的轟炸之苦——任務執行的過程，通常是確定蕃社分佈地區後，「航空班」一次出勤二或三架飛機，攜帶彈藥至目標地爆擊，一連持續二至三日，這樣的爆擊不僅能摧毀村舍，還能把蕃人墾殖地炸得滿目瘡痍，無法耕種。一九三〇年發生震驚全日本的「霧社事件」後，陸軍第八飛行聯隊即先後投擲八百多枚炸彈及糜爛性毒氣彈至山中，導致原住民死亡或自殺兩百餘人，是治理亦是報復。

飛行是日本統治殖民地時期，打造帝國、完整國土時的治理利器。

內臺間的初飛行

一九三六年，臺灣日日新報的記者大竹文輔，持著臺灣史上的第一張「航空券」，搭上了日本航空輸送株式會社的「雁號」，在眾所矚目下親身見證了內臺航線的首航。報導寫道，飛機是在一月二日的上午九點從臺北飛行場出發，途中曾遇二十米的強風，順利在下午兩點多抵達那霸，並在隔日早上的七點三十分，乘著十米的強風飛向目的地福岡。[2]這次意義非凡的首航，開啟了日後一週三次往返的內臺定期航線（福岡—那霸—臺北線），第一年便讓一千兩百一十六人次得以只用十小時

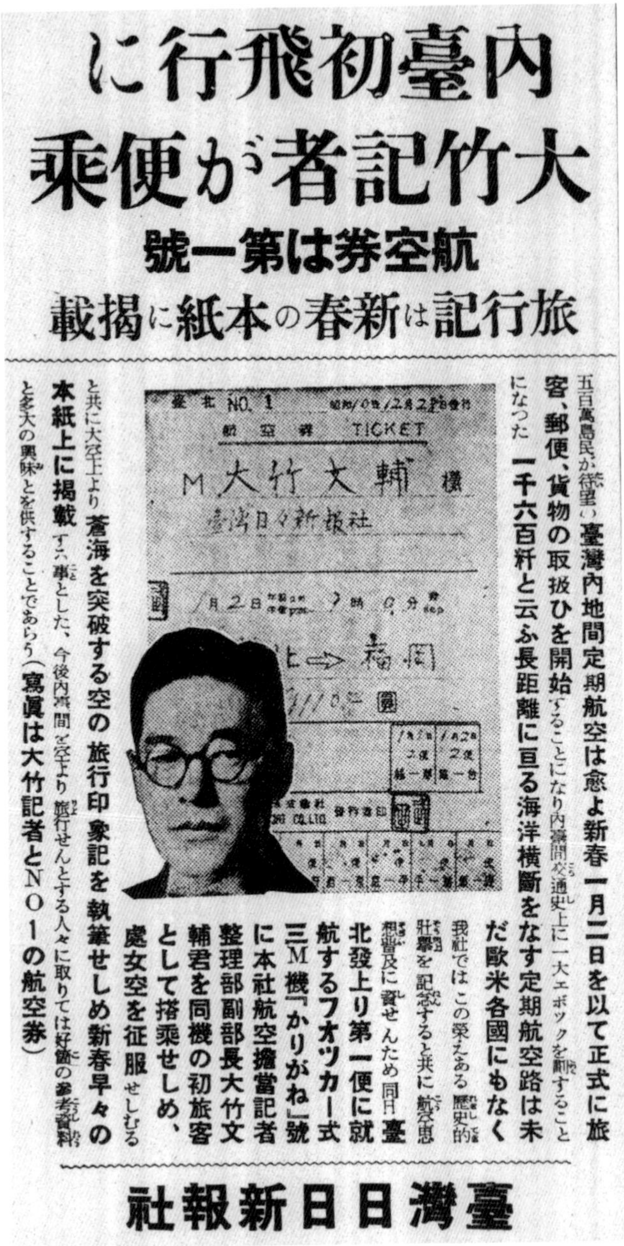

内臺初飛行に
大竹記者が便乘
航空券は第一號
旅行記は新春の本紙に掲載

五百萬島民が待望の臺灣内地間定期航空は愈よ新春一月二日を以て正式に旅客、郵便、貨物の取扱ひを開始することになり内臺交通史上に一大エポックを劃することになつた　一千六百粁と云ふ長距離に亘る海洋横斷をなす定期航空路は未だ歐米各國にもなく

我社ではこの榮ある歷史的壯擧を記念すると共に航空思想普及に資せんため同日臺北發上り第一便に就航するフオツカー式三M機『かりがね』號に本社航空擔當記者整理部副部長大竹文輔君を同機の初旅客として搭乘せしめ、處女空を征服せしむると共に大空上より蒼海を突破する空の旅行印象記を執筆せしめ新春早々の本紙上に掲載する事とした、今後内臺間空より旅行せんとする人々に取りては好箇の參考資料と多大の興味とを供することであらう（寫眞は大竹記者とNO1の航空券）

臺灣日日新報社

圖 5：刊載於報紙的臺灣第一張航空券（機票），預告著來年的內臺初飛行。人像為搭乘者大竹文輔記者。

圖資來源：〈內臺初飛行に　大竹記者か便乘　航空券は第一號　旅行記は新春の本紙に掲載〉，《臺灣日日新報》，1935 年 12 月 29 日。

的時間，就能往返日本內地和臺灣，進行商務和公務的行程。

地表上出現了飛行場和通信設施、一週一次貨運航線「內臺定期郵便航空」，以及「客運航線」的內臺航線、島內航線、臺北盤谷（曼谷）線與臺北廣東線等國際線陸續出現，臺灣人能搭乘飛機到內地辦公、留學生搭飛機返鄉，甚至在屏東的讀者也能夠看到臺北當天出版的報紙。

但熱鬧啟航的民用航線，並不只是單純為了臺灣的工商發展、人民生活所需而已，背後還與開發南洋的目標有關。一次世界大戰結束（一九一八）後，作為戰勝國的日本，獲得了德屬紐幾內亞赤道以北的託管，設立「南洋廳」並開始實際經營。南洋和南支的開發，對於彌補日本天然資源不足、彰顯國力和化解內部社會衝突有著很大的助益[1](3)，而位於日本本土和南洋群島之間的臺灣，則責無旁貸地成為南進發展的基地。飛機，就成了「航空南進」的目標下，縮短日本內地—臺灣、臺灣—南洋間距離的不二工具。

表面上，飛行工具帶來的便利性，改變了部分臺灣人的生活型態，然而對於日本政府來說，航線的建立和基礎設施的整備，讓飛機連結了帝國的航空動脈，並在未來幾年發生的戰爭裡，成為重要的輸送工具[2](4)。

1 所謂「南洋」，指的是今日的東南亞，包含菲律賓、越南、高棉（今柬埔寨）、老沃（今寮國）、泰國、緬甸、馬來西亞、新加坡、印尼、紐西蘭、索羅門群島等，「南支」則是中國華南地區。

2 關於以臺灣為基點的「南支南洋」國際航線，基本上都是以臺灣為起點或中繼向華南、東南亞、亞太等地區延伸，開設時間為一九三〇年代後半。

「結局不外決裂」：國際軍事協議的退出

也是在民航啟用的那年，日本決議退出「倫敦海軍軍縮條約」。所謂的「軍縮」，指的是軍事武力的限制，條約源自一次世界大戰後，為了重新建立和平秩序所做的協議。當時的五大戰勝國，同時也是五大海軍國（美、英、法、日、義）共同簽訂「華盛頓海軍條約」（一九二二）、「倫敦海軍軍縮條約」（一九三〇），限制各國海軍武力──包含了主力艦（戰艦、戰鬥巡洋艦）與航空母艦的總噸位保有比例、不得新建要塞或海軍根據地、不得加強沿岸防禦工程等規定。在「空軍」尚未從各國軍種獨立劃分出來的時代，海軍的軍力也包含了部分的航空兵力[3]。

因此，當日本宣布退出「第二次倫敦海軍條約」裁軍會議，解放對於海軍武力的束縛後，首相廣田弘毅便宣布將改以強勢軍事力量（自然也包含航空武力）實踐「南進」；同一時期開打的中日戰爭（又稱盧溝橋事變、七七事變），更讓飛機成為戰爭要角、「制空權」成為重要的用兵方略[4]。(5)

在臺灣，總督小林躋造提出「南進化、工業化、皇民化」作為國策的呼應。地理位置上，臺灣是連結南洋重要的運輸節點，戰爭需要工

3 戰前日本並無空軍，而是有分屬於陸軍和海軍的航空部隊。

4 一九三七年中日戰爭的爆發與戰事擴大，使得「制空權取得」成為主要航空用兵方略──戰事中為了避免路途遙遠、自然地形的阻礙，而需要飛機的「制空權」來解決問題。

五國海軍軍縮會議
不同意我提案亦不別救濟
結局不外決裂

海軍軍縮會議。昨年十二月九日開會以來。凡日本共通最大限設定案。暨建艦計畫宣言案。質的制限案。不建造隊設定案。建造計畫通報案。國防脆弱性案。安全感平等論。及所料各國案。殆已盡出。此等諸案。比一昨年倫敦豫備交涉當時。既全論議然終不諧。如共通最大限設定案、英米兩國。依然反對。而日本對他案、亦絕對反對。十日第一委員會。英米法意四國。既不就日本案。亦不別示起死囘生之妙策。會議前途、不外決裂。我海軍部內。關會議之動向。所觀如左

一、眞欲達成軍縮。貢獻世界平和。公正妥當之提案。除帝國案以外絕無。帝國案。既不爲列國所容認。其他如何案討議。帝國皆反對之。現狀如斯。會議早見決裂之勢矣。

一、有傳建艦計畫通報案爲中心。開英米法意四國會議之說。果將日本除外。想米國何能無條件贊成。米國如或藉口於日本不參加。而裹足不前。則英國對米關係上。當見有難色。結局徒勞無功云。

一、如能成立協定。或爲潛水艦濫用防止條項。此日英米三國。簽印批准之問題。法意兩國可以參加。容易成就。但太平洋防備制限協定問題。如或提出。會議決裂已耳。十日東京電云

圖 6：退出「倫敦海軍軍縮條約」的相關報導。

圖資來源：〈五國海軍軍縮會議　不同意我提案亦不別救濟　結局不外決裂〉，《臺灣日日新報》，日期：1936 年 01 月 11 日。

業為後盾，航空尤為甚，而臺灣就扮演著將南洋原料加工、供應予內地的角色。位處南方，有著港口和工業區的高雄則順理成章為航空工業的重地。比如說，飛機外部結構需要的金屬鋁，便是由一九三五年「日本鋁株式会社」[5](6)在戲獅甲設立高雄工場，從荷屬東印度屏坦島（Bintang Island）進口原料生產鋁錠，再運回日本加工予需要鋁片的產業。此外，亦有金屬鎂、燃料廠、煉油廠等工廠，在苓雅寮、左營、楠梓等地陸續成立。

一九一〇年代飛機在臺灣初次飛行，從理蕃、貨運、客運至一九三〇年代因應世界局勢而成為重要的戰爭兵器，而高雄也因為臺灣的地理位置，成為打造航空工業的基地，彼時高雄上空還未出現攔著炸彈、令人畏懼的巨大鐵鳥，但遠方的戰爭已經把人捲入了廠區工作，一座座工廠拔地而起，而在一九三九年的岡山，有一塊佔地三百多甲的廣闊土地，則剛徵收完畢。

二、日本海軍第六十一航空廠

「遮有一塊鐵仔，一支摃仔，一支鏨仔，摃仔愛摃到鏨仔，硬摃，摃甲這塊鐵仔斷去。▲」(7)

5 即戰後的臺灣鋁業公司（臺鋁）。

▲這裡有一塊鐵，一支鐵鎚，一支鑿子，鐵鎚要敲到鑿子，硬打，把這塊鐵打斷。

海軍航空廠內，實習工員們一手舉起鐵鎚，落在鐵板上，敲斷。這是飛機打造過程中最基本的工作，金屬敲擊的規律聲響在廠內迴盪，迴盪在一九四〇年代的岡山。

在對於航空兵器的需求下，日治時期的臺灣不僅有製造飛機的金屬鍛造和燃料工廠，還曾有兩座航空工廠，專門進行機體的修造，其中規模最大的一座便是在岡山，名喚「海軍第六十一航空廠」，在此之前，日本內地已經有好幾座航空廠存在。

航空廠的建立與擴散

日本的航空工業是在一九二〇年代逐步發展起來的。在陸海軍航空部隊分治的情況下，先是由陸軍扶植民間企業的工廠接單製造練習機、部分飛機組件及發動機修理，這些民間企業包含了「中島飛行機株式會社」、「東京瓦斯電器工業會社」、「川崎造船所」、「藤倉工業株式會社」、「愛知電器時計株式會社」[6]等；海軍則是採取自建航空廠的策略，由軍方自主進行飛機生產，這些各時期陸續興建與改制的航空廠，包括了番號第一（茨城縣霞ヶ浦）、第二（千葉縣木更津）與第二的大湊支廠（一九四二年改為第四十一，大湊）、第十一（廣島縣吳市）與

6 這些民間企業至今仍存，且已轉型為臺灣人熟知的汽機車廠，包括SUBARU汽車、ISUZU汽車、川崎重工KAWASAKI。

第十一的舞鶴支廠（一九四二年改為三十一，京都府舞鶴）、第十二（大分縣大分）、第二十一（長崎縣大村）與第二十一的鹿屋支廠（後改為第二十二，鹿兒島縣鹿屋）、鎮海支廠（後改為第五十一，朝鮮慶尚南道昌原郡鎮海）、第六十一（臺灣岡山）航空廠等海軍航空廠。[7][8]

海軍在岡山設立第六十一航空廠，看上的是臺灣作為南進樞紐的地理位置——由南洋進口原料加工、接收日本內地的零組件，飛機在臺組裝後即可飛往南洋，直接支援戰場。[9]此外，岡山也是「高雄空」（高雄航空隊）與其進駐的「高雄飛行場」所在地，航空廠設立於飛行場旁，方便就近進行後勤保修補給。

土地徵收．工廠築起

為了有效分擔對南支、南洋所需的軍機生產與維修能量，一九三九年，位於岡山街後協、佔地三百八十甲[10]的海軍第六十一航空廠動工興建。

偌大的工廠用地是徵收後協的土地而來。搬遷了自明鄭時期在此駐紮部隊以來，已有二百餘年歷史的聚落，一部分的居民遷至（今）協和里協和宮周邊，另一部分遷至東邊小崗山山腳下的大遼里，聚落信仰

7 臺灣岡山的第六十一航空廠，位於今天的空軍航空技術學院介壽校區及相鄰的空軍第三後勤指揮部，一九四一年十月二十五日開廠。

圖 7：這張照片為楊溫清（1888-1921，曾任糖廠廠長）於 1916 年請攝影師來家中拍攝，三合院位於今空軍航空技術學院介壽校區內。此宅約於 1939 年因為日本政府興建海軍六十一航空廠而被徵收。圖中右起楊溫清、楊溫清妻子及懷中出生不久的楊進添，楊溫清母、兩位姐姐及弟弟。

圖資來源：《岡山老照片說故事》，頁 1。

中心「後協協和宮代天府」也一起被搬家——居民黃明得還記得祖厝有著比廟門還要高的門，是靠收租維生的祖先留下的寬敞宅院，而「**日本人要用這塊作軍事基地，不用老百姓同意，畫了（圖）就是拆**」；在那個老百姓還不容易留下相片紀念的年代，曾擔任糖廠廠長的楊溫清，在一九一六年請攝影師來家中拍攝的照片，則成了舊後協聚落最後的驚鴻一瞥。土地被徵收的居民，稱新落腳的土地為「新後協」，以示不忘與舊聚落的淵源。

土地權利取得完畢後，緊接著就是整地、排水等基礎工程施作，為能儘早完成開戰前的準備工作，建築工事聚集了眾多業者共同參與，包含了協志商會、光智商會、今道組、住吉組、太田組、三菱重工、中島飛行機製造所、臺灣鐵工所、臺灣電力、古河電器工業等包商及會社[11]，這些業者不全是日本會社，當中也包含了臺灣人的建築土木業者「協志商會」與「光智商會」。而在這些臺日承包商底下擔任建築工人的，則多是岡山本地人，負責擔砂石的粗工，或者組織牛車隊，把廢棄的石頭從廠內運出來，再從半屏山（淺野水泥株式會社高雄工場）載水泥入廠建設。

一九三九年，在一片飛揚的砂石土塵中，海軍第六十一航空廠開始建設。但和一般建築工程不同的是，為了預防日後遭到敵機轟炸，整

協志商會：由林焜灶（林尚志）先生於一九一八年創立，曾承包新店溪的堤防工程、總督府交通局遞信部臺北自動電話交換局、屏東高射砲隊軍營等工程，戰後再跨足進入家電業及重電機業，為今日家喻戶曉的「大同公司」；「光智商會」由陳海沙（光宮海沙）先生創立於一九二三年，曾承包士林公學校校舍、臺北高等學校體育館、岡山航空隊飛行格納機庫、屏東航空支廠診療所新建工程等，戰後成立「光智營造廠」，為全臺三大營造廠之一。

地工程完成後是先挖地下室，才繼續地上物的建築，根據曾參與工程的黃明得先生口述，這些地下室和地面的廠房，範圍是近一比一，地下室既深且廣，在日後大空襲時，就成了在戰火下繼續運行的地底工廠。而地面廠房方面，計有四十二棟廠房車間與十八個工作區域，包括：倉庫區、回收與改裝區、梭口區、鉗工區、行政區、零件區、切割區、薄板成形區、改裝區、硬化與電鍍區、輔助電力、沖模區、副組裝區、機器房、製管房、疑似製管房、引擎測試區、後程組裝區等。(12)

臺灣最大的航空工廠

兩年後的一九四一年十月二十五日，海軍第六十一航空廠正式運作，但開廠不到兩個月的時間，日軍就發動了珍珠港事件，太平洋戰爭正式展開。原先隔著巴士海峽望著南方的「南進」視角，這時也朝向了東南方的南太平洋，隔海與美軍基地相望的臺灣，再次成為航空部署上的重要位置。

飛機在空中來回穿梭交戰，地面的航空廠則作為飛行員的後盾，負責機體保養、置換壞損部件、組裝半成品飛機，到戰爭末期甚至還得改造舊機作為特攻機。和其他日本各地的航空廠相同，六十一航空廠設有

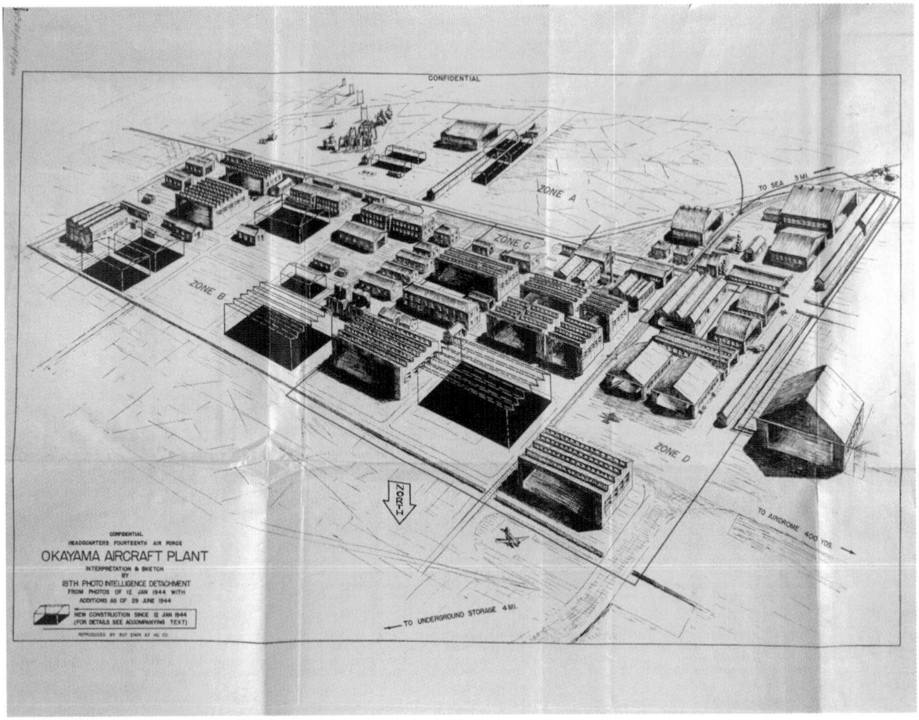

圖 8：六十一航空廠建築物位置圖。

圖資來源：18th Photo Intelligence Detachment, Headquarters Fourteenth Air Force,"Okayama Aircraft Plant"(From Photos of 12 Jan 1944 with Additions as of 29 June 1944), RG.226, A1 154, Box.87 (The U.S. National Archives and Records Administration, NARA)，杜正宇博士提供。

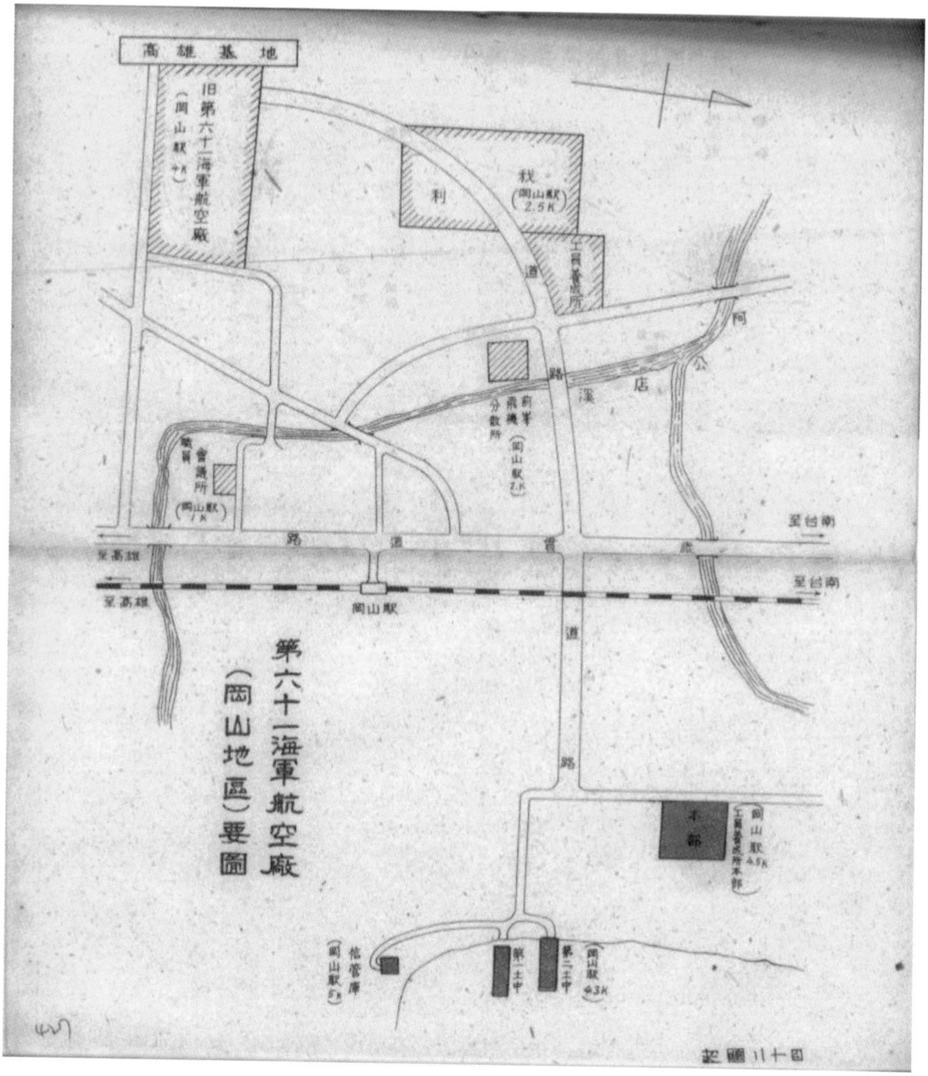

圖 9：六十一航空廠位於此張岡山街要圖的左上角，圖面為 1945 年戰爭結束時的狀況。

圖資來源：臺灣省警備總司令部接收委員會發行，〈海軍第六十一航空廠接收經過〉，《臺灣省軍事接收總報告書》，附圖 24。

飛行機部、發動機部、兵器部、器材部、總務部、會計部、醫務部等七個部門，另有「工員養成所」一處，作為航空廠工員的職前訓練所。

在廠務的運作上，包含了維修保養、飛機組裝製作兩大部分：

㈠維修保養的範圍，涵括發動機、兵器、補給設備等；經手的機種超過三十七種，其中較著名者，包含了被暱稱為「紅蜻蜓」的「九三式中間練習機」、日本海軍第一種國產全金屬單翼戰鬥機「九六式艦上戰鬥機」、具有雙引擎的「月光夜間戰鬥機」、用以制衡美國 B-29 超級堡壘轟炸機的「雷電」……當然還有曾參與過珍珠港攻擊、亦為神風特攻機種的「零式戰鬥機」系列機型。(13)

㈡飛機組裝製作的部分，最顯著的成績是成功打造「九三式中間練習機」，這也是臺灣史上第一架工廠製造生產的飛機。

起初只是出於快速補給零件的需求，當時教練機常因練習時操作不當而耗損零件，為了穩定供應零件，時任航空廠飛行機部主任的田中春男，從木材乾燥、接著劑製造、合板生產、升力張線之開發等方面著手，加速零件的製作。

在製作技術成熟後，他開始嘗試自製飛機，讓航空廠與民間產業、糖廠、總督府林業試驗所等單位合作調查與研發，此外也更動廠內的生產線配置，使作業流程更順暢，再加上開廠三年來廠內員工日漸累積的技術能力，一九四四年四月，六十一航空廠終於成功製作出第一架「九三式中間練習機」，在那一年十月的大空襲前，半年間共送了六十架飛機升空。而在戰爭末期，由於這些教練機能攜帶兩枚六十公斤的炸彈，因此成為沖繩戰場用的特攻機[14]，從培育飛行員的教練機，到與飛行員一同「玉碎」。

於太平洋戰爭的角色

由於目前有限的史料中，尚缺乏六十一航空廠各年度實際組裝、保修產品實際數量等資料，因此難以就數字與日本本土航空廠進行比對，去進一步論證在戰爭中發揮的影響力，但從幾場戰役中的協力，仍可看到這個面向南太平洋與南方作戰主要攻略位置的航空廠，有著不可或缺的重要性。

在一九四一年十二月珍珠港攻擊之前，日軍即已開始準備對菲律賓呂宋島展開「M作戰」，由於高雄和馬尼拉間來回航距有一千一百浬，已超過了零式戰鬥機的續航距離，為此，海軍飛行員一方面接受高空省油飛行訓練，並讓零戰先停在最南端的陸軍恆春飛行場轉場，落地加油後才出擊；另一方面，六十一航空廠也趕製大型外掛副油箱供其使用，這些措施，使得零戰的續航距離大幅延伸，不但可以往返菲島戰場，還能在目標區空域進行二十分鐘的接戰；原欲派往巴士海峽接應的輕型航空母艦瑞鳳，也因此解除該項任務[15]，而這僅是開廠後不到兩個月的事情。

在一九四四年十月「岡山大空襲」之後，地表建築設施大半遭炸毀的航空廠，仍靠著已移至小崗山洞庫的生產線，從洞庫中出廠一架架特攻機。這些特攻機改裝自練習機、偵察機、戰鬥機、輕轟機，只要移除非必要裝備、外掛炸彈、注滿副油箱，即可執行神風特攻隊的特別攻擊任務，迄終戰各地分工場共經手超過百架的特攻機[8][16]。可以說從太平洋戰爭的開始到結束，六十一航空廠都參與其中，而這些飛機與零件，則出自無數個臺籍工員的手中。

三、航空廠的工員

一九四一年，建築工人黃明得，考進了住家附近的航空廠，成為

8 戰後美軍透過向日軍的調查、求證，沖繩戰役時衝撞盟軍的日軍特攻機，約有百分之二十來自臺灣。

首批工員。接下來的幾年裡，屏東內埔客家人曾紀恩與南投埔里人巫乾龍，分別從日本廣島吳市、鹿兒島鹿屋完成海軍訓練，被調派回臺任職，而來自彰化秀水的梁啟祥，從家鄉搭上了火車；戰爭末期，嚮往維修戰鬥機的新竹少年曾金海、不願在大家庭裡無償勞動的銅鑼少年葉睦宗，也紛紛跳上了向南的車班。他們是日後知名的棒壇教練、棒球好手、機場機械士，有人戰後加入中華民國軍隊，在國共內戰時為當年的敵人打解放軍，也有人的子女擔任政務要職，成為臺灣民主的推手。(17)

這些來到工廠的工員，多是大正末年至昭和初年出生，青年時期在太平洋戰爭中度過的臺灣人，他們的共同目的地是日本海軍第六十一航空廠，因家境所迫、個人興趣使然，或憑著一股愛國的信念，在年僅十幾到二十歲出頭的年紀，出於各種理由，從四面八方聚集到了岡山。

以戰爭為名的巨大旗幟

日本對於臺灣的軍事動員，始於一九三七年的中日戰爭，讓臺灣人以「軍屬」或「軍夫」[9](18)的身份，跟著軍隊作戰或至殖民地、新佔領地進行經濟開發。隨著南進政策與太平洋戰事發展，島上逐步建立起的軍事設施，如六十一航空廠，也透過各種管道招募著臺灣人。[10](19)

9 「軍屬」為軍人以外出於本人意志為之，在陸海軍所屬單位工作者；「軍夫」為搬運軍用品而雇用的人。「軍夫」是軍隊的最低階人員，當時有一種說法，認為日本軍隊裡的階級是「軍人、軍馬、軍犬、軍屬、軍夫」。

10 一九四二年四月以前，臺灣人僅能以「軍夫」、「軍屬」的身份被徵召，一直要到一九四二年四月「陸軍特別志願兵」制度、一九四三年八月「海軍特別志願兵」制度實施後，臺灣人才被同意以「軍人」身份進入軍隊。

在航空廠的人事組織上，管理階層與技師等幹部（定額為十二人），以及部分中層的日籍海軍工員（技術人員）以日本人為主，然而佔航空廠大多數的基層人員，則多是招募而來的臺籍工員。[20]這些臺籍工員到底有多少人？不同的史料提供著不同版本的數字，《臺灣警備總部接收總報告書》認為是八千八百七十九人，《日軍佔領臺灣期間之軍事設施史實》則統計總廠與各分廠共一萬兩千六百四十人[11][21]，而根據現存臺籍工員的印象，確實有超過萬人之譜[12]。[22]

這些人透過所就讀學校（高等學校或國民學校）對畢業生的宣傳，或者看到報紙刊登的廣告而來到航空廠，一則一九四二年七月二十一日的募集啟事是這樣寫的：**「（岡山航空廠工員募集）招募國民學校卒業、身體強健、十五歲以上三十五歲以下」**，相關福利為**「素人工員初給最低三十五圓、最高六十圓，經驗工員初給最低四十圓、最高八十圓，兩年定期升給、宿舍是新築的海軍工員宿舍」**，文內也一併列了試驗科目（國語、算數、口頭試問、身體檢查）、所需的相關證明書（戶籍謄本、受驗承諾書等），而試驗時間為一個月後，在全臺各地（宜蘭、彰化、臺北、員林、豐原、岡山等十八個地方）皆有舉行[13]。[23]對比當時一個月約二十至三十圓的教員薪資，僅國民學校畢業的無經驗者，只要擔任航空廠工員，十五歲的年紀就能拿到三十五圓以上的薪水，還附帶住宿，

11 而學者曾令毅根據防衛省防衛研究所〈第六十一海軍航空廠戰時日誌〉史料，認為一九四五年終戰前後第六十一海軍航空廠共有工員約一萬五千兩百三十七人。

12 該如何理解一間日治時期擁有上萬名工員的航空廠？放在今日的理解脈絡來看，或許可以這樣比喻：二〇二二年兩千三百萬人口的臺灣，知名的半導體公司台積電擁有約五點六萬名的員工（占總人口的百分之零點二四）；而在只有現在人口四分之一的一九四〇年代（全島本省籍人口約五百一十萬人），將五點六萬除以四，相當於一萬出頭（約占總人口的零點一九）的人數。今天，平均每一萬個人有二十四個人是台積電員工；當時，平均每一萬個人有十九個人是航空廠員工。

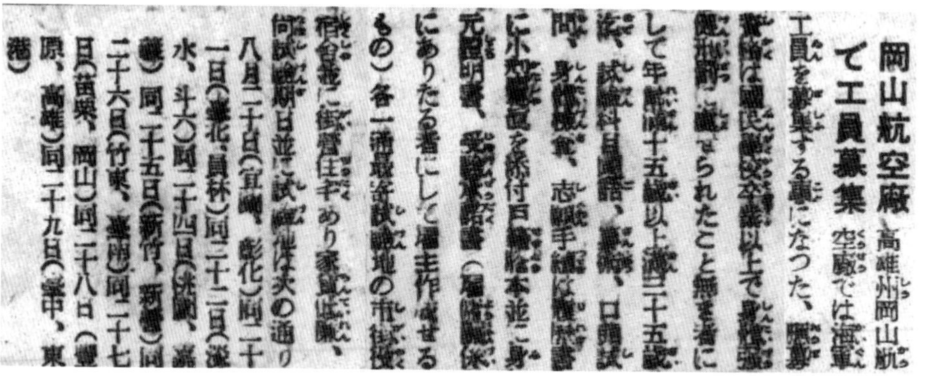
岡山航空廠で工員募集

高雄州岡山航空廠では海軍工員を募集する事になつた、應募資格は國民學校卒業以上で身體強健刑罰に處せられたこと無き者にして年齢十五歳以上滿二十五歳迄、試驗科目國語、算術、口頭試問、身體檢査、志願手續は履歷書に小型寫眞を添付戸籍謄本並に身元證明書、承諾書（雇傭關係にありたる者にして雇主作成せるもの）各一通最寄試驗地の市役所[illegible]、[illegible]宿舍に[illegible]住宅あり家賃低廉、尚試驗期日並に試驗地は次の通り八月二十日（宜蘭、彰化）同二十一日（臺北、員林）同二十二日（淡水、斗六）同二十四日（基隆、嘉義）同二十五日（新竹、新營）同二十六日（竹東、臺南）同二十七日（苗栗、岡山）同二十八日（豐原、高雄）同二十九日（臺中、東港）

圖 10：「岡山航空廠工員募集」宣傳。

圖資來源：〈岡山航空廠で工員募集〉，《臺灣日日新報》，日期：1942 年 07 月 21 日。

13 值得注意的是，在一年後的「海軍航空廠工員募集」招募廣告，薪資為「素人工員初給最低三十五圓、最高七十五圓，經驗工員初給最低四十五圓、最高一百圓」，可以看到薪資調漲。

許多人便是抱持著改善家境的心理而來報考，若再納入戰爭期間社會上工作難覓的情況，便不難想像當時航空廠何以能招徠上萬的工員。(24)

另一個大量招募的途徑，則是「學徒動員」，自一九三八年起，針對大學、專門學校、實業學校等理工科系出身應屆畢業生的就業予以限制，在有必要的戰爭時期，學校可辦理畢業生的就職分派與在校生的實習分配。最後是類似今日「公費生」制度的「海軍依托生制度」與類似「士官班」的「海軍短期現役士官制度」(25)，皆是以補貼就學的方式，讓學生畢業後分發至航空廠工作。

成為帝國的海軍工員

通過試驗或其他管道成為工員後，首先得接受職前訓練。在未有專責的訓練機構前，工員受訓的場所是屏東東港支廠，訓練期為三十日。待一九四二年七月航空廠旁的「工員養成所[14]」設立後，則轉移至此，受訓者除了預計進入六十一航空廠與其支廠工作者外，也包含了將要赴日本內地航空廠的「臺灣少年工[15]」。(26)

職前訓練內容，包括了專業技術、體能訓練、思想教育三大類別。在術科上，主要教授基礎機械相關課程，如製圖、木模製造、鑄／鍛

14 位於今空軍航空技術學院的巨輪校區。

15 在戰爭末期時，也有因陋就簡、省去工員養成所訓練的情事，如第七期的部分少年工，只集中在臺南的「國民道場」訓練三週後，便搭船前往日本。

造、焊接、板金、測量、各式工作母機操作等，這些基礎養成有助於縮短工員日後進入設計室、大型工場、機械工場、組立工場、鍛工場、鑄物工場等單位時的上手時間；學科則有國語課與物理課程，由於屬職前訓練，採的是「授業實習交替制」——上午上課、下午實習的方式，但在戰爭末期人力吃緊時，訓練的時數也從預定的三年縮短為一年[16]。(27)

思想教育則包含了團隊精神與服從，體現在許多工員都記憶猶新的連坐管教上，一有人失誤或犯錯，則全隊受罰，有時是班長用木製的「戒心棒」，落在同一隊每一個人的臀部，那痛楚會讓人一連七天都沒有辦法坐下；有時則是打巴掌，或者讓工員間互打巴掌，打到連飯菜都沒辦法咬嚼。(28)在這樣的環境下，幾乎沒有人能夠逃過被打。痛楚成為身體記憶，在無形間把人打造為帝國需要的工員。養成所與後來的海軍工廠，灌輸在工員身心的思想教育，也透過耄耋之年的工員之口再現，那首在七十年後依舊被朗朗上口的廠歌，是這樣唱的：

仰望遙遠的新高山山峰
那是我海軍航空隊的母親
身負重任來成立
第六十一航空廠

16 在蔡采崴女士、楊燁先生提供的《六一航空工校二期同學通訊錄》（二〇〇一年出版）中，記載有國文與物理教官之名。

領襟上的徽章如此鮮明
些微零亂的紀律下
流著汗珠的臉頰也展開笑顏
第六十一航空廠

廠歌首句「仰望遙遠的新高山峰」，新高山即玉山，日治時期日人「發現」玉山主峰高度超過日本本土最高峰富士山後，將之命名為新高山，並視為精神象徵。遠處的新高山，是否真能為當年遠在岡山航空廠的這群年輕工員所眺？這點已經無法得知。但廠歌呈現的美好意象，鼓勵著戰時的臺灣人，為遙遠的國族精神奉獻出汗水。

工員的一日，岡山的一日

咬著牙結束嚴峻的職前訓練後，接下來要面對的，則是工廠日復一日的忙碌生活。

每天早上七點二十分，工員們魚貫進入工廠，先到「報到室」把寫有自己姓名的牌子翻到正面，以示上班，接著參加朝會，日籍長官會以三十分鐘左右的時間訓話與宣導重要事項，並一起做體操，舒活筋骨

圖 11：戰後初期原工員養成所內建築物。

圖資來源：空軍航空技術學院校史館。

後到各自的崗位開始工作。工作時不能任意閒談，到中午休息前，會有一次十分鐘的「吃煙」時間。十一點半開始為午休，要停下來做一次的體操後，才可吃午飯（可自理，或自費吃工廠的伙食），並在十二點半展開下午的工作，到五點下班前，則有兩次十分鐘的「吃煙」時間，算下來一天只有一個半小時的休息時數，而到了戰事吃緊的時候，工廠幾乎都天天加班到晚上七點多，也就是一日近十二小時的工時[17]。這樣的作息，還要加上通勤的時間，如前所述，工員們來自全臺各地，航空廠雖有提供宿舍，但除了在航空廠東南側的核心幹部工員宿舍區外，主要的工員宿舍區則是在岡山街的北郊，走路要四十多分鐘的地方，等於五、六點就要起床[18]。(29)

根據現存的臺籍工員回溯，作為一個擁有萬人規模的航空廠，在一九四二年到一九四四年的全盛時期，每日早上七點，岡山火車站及岡山街上都會湧現黑鴉鴉的人潮，往六十一廠走去。而當地居民也還記得，這些因著軍事設施（機場、航空廠）出現，而從四面八方集結來到岡山的人潮，為當地帶來了繁盛的商機，早晨火車站周邊的人力車一一就位等待著人客上門；街上有著眾多食堂，服務洽公的單身官員、軍人、工員；也少不了酒樓，岡山街上便有五間——「第一樓」、「岡山酒店」、「朝鮮樓」、「福月樓」、「游閣酒家」，各自有著臺籍和朝

17 以上工廠作息整理自黃明得與呂土城口述訪談（未刊稿）。梁啟祥先生則回憶工廠是早上七點就開門，而沒多久門就關起來了。

18 葉睦宗先生的口訪紀錄也提到，「軍方雖有提供住宿，但距離工廠較遠，他和另一位同袍在距工廠較近處合租了一間民宅的房間同住。」

鮮的女子陪酒，酒樓天天高朋滿座，岡山街上生氣蓬勃。(30)

女性、送別會、體育大會與未竟的記憶

一九四〇年代，海軍第六十一航空廠落地岡山，許多少年少女離鄉背井來到工廠，開始了人生的第一份工作，他們在戰爭的大旗下成為海軍工員，然而，把他們推向這裡的，卻不只是戰爭本身，更是來自社會結構的壓迫——戰時工作機會的缺乏、貧困的家庭環境、臺灣傳統大家庭對於孤兒寡母的忽視，甚至是為了「保命」而加入海軍工員，以降低被徵召至海外的機會[19]。(31)

八十多年過去，只有許多碎片式的「史料」留下，當年穿著筆挺制服的工員大合照，這些少年的背景、來到六十一廠的動機，和戰爭後他們去了哪裡？穿插在其中的女性工員又有著什麼樣的故事，才會在那樣的年代獨身來到異地工作？這些被留下來的這些照片中，也展現了軍事工廠在兵器生產外的另一個面向，有加油標語和太陽旗相伴、熱鬧的第一回體育大會；也有著在酒樓歡送日籍組長的場景，超過三十個年輕工員，一同對鏡頭綻放著笑顏。在人事凋零後，照片缺少了訴說的主角，成為未竟的記憶。

19 昭和元年（一九二六）年出生的溪湖人楊慶麟先生，選擇擔任海軍工員的原因，根據其弟楊慶雄先生表示：「當時已經開始有徵兵制的消息，為避免徵召至海外，考取高雄岡山的海軍工員，擔任總務會計之類的工作。」

圖 12：海軍第六十一航空廠第一回體育大會優勝紀念照。

圖資來源：國立臺灣歷史博物館提供，網址：
https://collections.nmth.gov.tw/CollectionContent.aspx?a=132&rno=2010.006.0158

圖 13：坂本組長送別會紀念攝影（1942 年 8 月 29 日）。

圖資來源：陳鼎和先生。

四、異鄉的一方居所

所幸，在消退的人事中，還有事物的留存比記憶更持久了一些。

擁有萬人規模的航空廠，代表有著相應規模的住宿空間，但隨著戰火與時間的變動，大部分的工員宿舍建築都已不存，唯獨鄰近航空廠的一批宿舍被保留了下來，那是一連五排、帶著連續拱圈的雙層樓房，與位在另一側的兩棟單層樓公共服務空間，共同構成的核心幹部宿舍，從一九四〇年代落成後便矗立至今。儘管現貌有著戰後增改建的痕跡，但被扶疏樹木所包圍的房子，仍保有原始建物的結構與外觀，見證了航空廠曾經存在，以及在此間來去的工員足跡。

這批航空廠宿舍在地圖上出現的時間點為一九四〇至一九四一年，正好是六十一航空廠的起建期間。航空廠的成立初期，技術人員皆是從日本本土其他航空廠而來，例如首任廠長石黑廣助少將，之前為「広海軍工廠」飛行機部部長，而其他部長、部員、副部員、附屬廠員、技手等，也是陸續從佐世保海軍工廠、第十一航空廠、第二十一航空廠等處來臺支援[32]，為了這些日籍人員在臺的住宿需求，便在航空廠附近興建工員宿舍，包含了現存的五連棟、兩棟單層樓公共服務空間，以及一批現已不存的單層宿舍。五排雙層樓房的工員宿舍，前工員黃明得指認為當時的女性工員宿舍，而單層宿舍的入住者，則可能是從日本各地轉調來臺的日籍核心幹部。

從今日留存的建築空間，以及對照《臺灣建築會誌》、《臺灣總督府檔案》與《臺灣總督府專賣局檔案》等書冊所記載的日式宿舍類型，六十一航空廠工員宿舍應是屬於多人合宿的「獨身宿舍」（どくしん，單身之意），廊道上的每一個拱圈開口都是一戶（一單元）。五棟雙層宿舍，扣掉中央的兩座樓梯，一排宿舍共有十六戶，每層八戶；另一側的單層宿舍，其平面格局除了沒有上下樓的樓梯以外，與雙層宿舍幾乎一樣，一排宿舍共有八戶。每一戶內皆有「玄關」（脫鞋用）、「押入」（壁櫥）、「洗面所」，以及由榻榻米鋪成的主要空間「居間」。至於每一戶入住的人數，依一般日式房間以榻榻米帖數來計算，可反推算出一個居住單元（一戶）是分為六帖（三坪）和八帖（四坪）的兩個居間[20](33)，中間以日式拉門隔開。

除了起居空間外，當然也有其他的生活設施，如：飲食、衛浴、娛樂等公共服務空間，位於五連棟的雙層宿舍東側，兩棟的單層平房即是提供這樣的功能。由於缺乏直接記載六十一航空廠宿舍建築原貌的史料，以宿舍格局較為相近的屏東「飛行第八聯隊將校獨身宿舍」為範例，

20 根據演員張晨光先生的母親郭大春女士口述，張家由大陸播遷來臺的早期住過其中一棟，房間內原本即以拉門分隔為兩間，他們一家住較大的四坪房間，前面較小的三坪房間給她小叔架行軍床睡，可以印證此一獨身宿舍單元原本即是分為兩個居間。

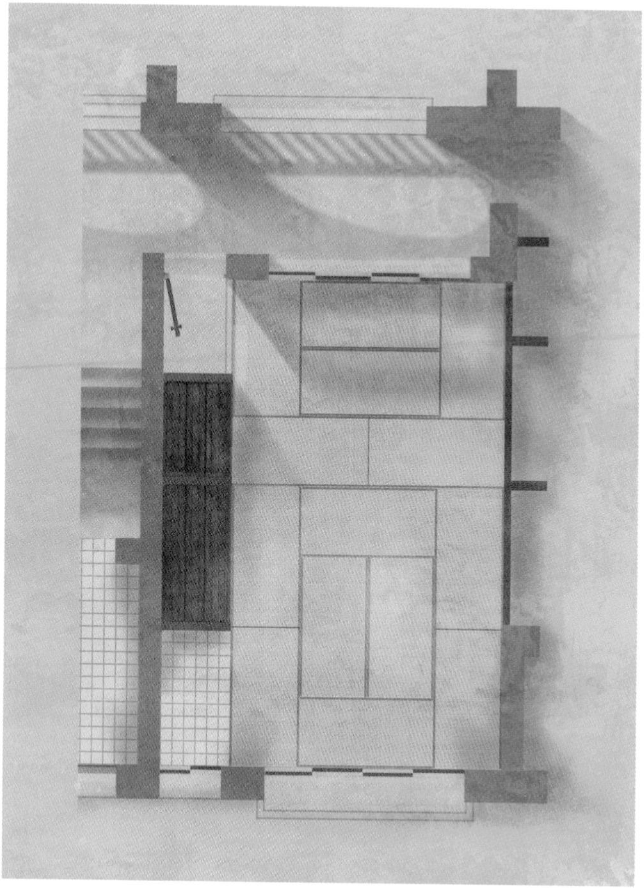

圖 14：一戶格局推測。二帖榻榻米為一坪。

繪圖參考：高雄市政府文化局，《高雄市文化景觀原日本海軍航空隊岡山宿舍群（醒村）保存維護計畫暨保存暨計畫案》，頁 77。

圖 15：航空廠宿舍。

繪圖參考：高雄市政府文化局，《高雄市文化景觀原日本海軍航空隊岡山宿舍群（醒村）保存維護計畫暨保存暨計畫案》，頁 76。

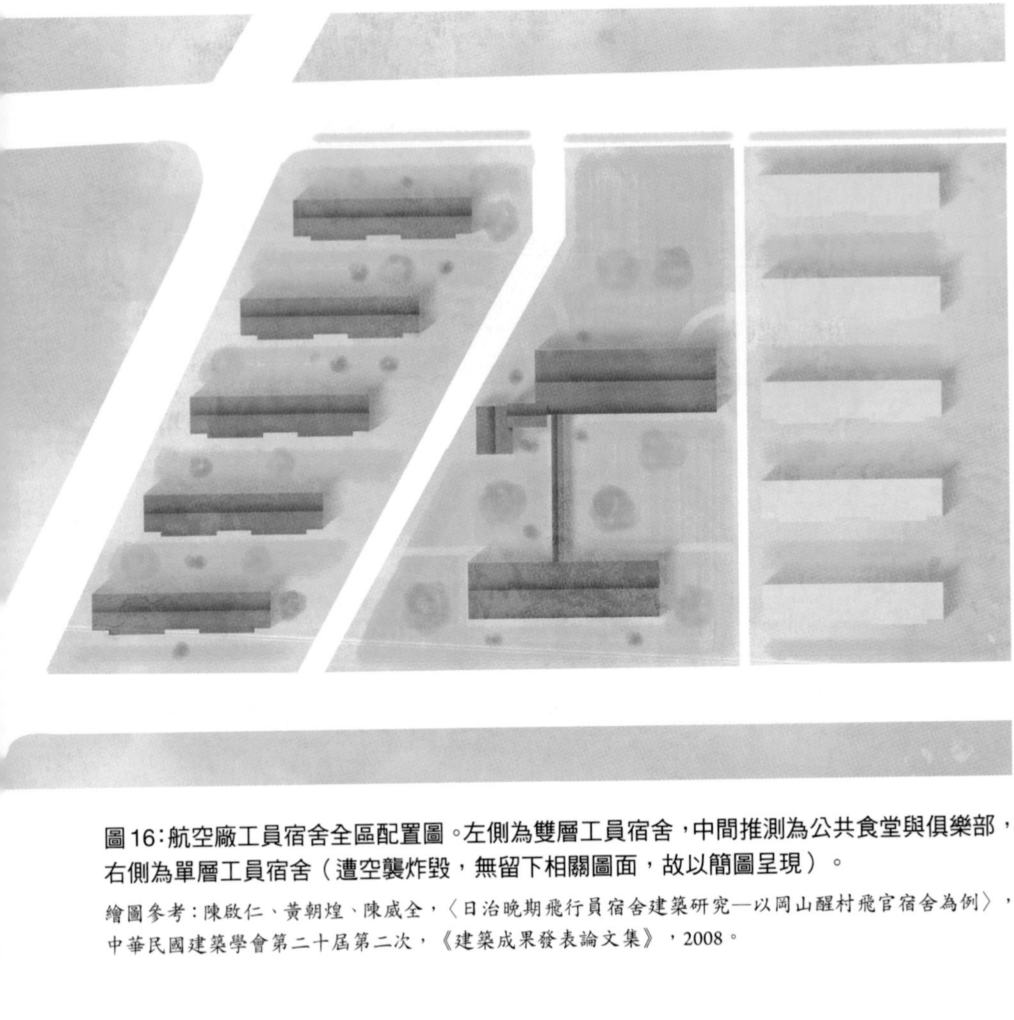

圖16：航空廠工員宿舍全區配置圖。左側為雙層工員宿舍，中間推測為公共食堂與俱樂部，右側為單層工員宿舍（遭空襲炸毀，無留下相關圖面，故以簡圖呈現）。

繪圖參考：陳啟仁、黃朝煌、陳威全，〈日治晚期飛行員宿舍建築研究—以岡山醒村飛官宿舍為例〉，中華民國建築學會第二十屆第二次，《建築成果發表論文集》，2008。

圖 17：推測為「食堂」（含炊事所、與炊夫居宅等空間）的單層平房，屋頂保有日治時期原始的木構造平行弦人字形桁架。

圖資來源：高雄市政府文化局，《高雄市文化景觀原日本海軍航空隊岡山宿舍群（醒村）保存維護計畫暨保存暨計畫案》，頁 148。

推測兩棟平房的其中一棟可能是作為食堂、炊事所、炊夫居宅（伙房的宿舍）、便所；另一棟則可能作為俱樂部的性質，從其他海軍工廠俱樂部的案例來推測，或許會有販賣部、娛樂室、圖書室、供眾人使用的較大浴場等。

借助史料與空間形貌的判讀，可以知道在航空廠東南側的一公里外，有著可以容納獨身工員多人合宿的數百棟宿舍，他們在六至八帖大的榻榻米上度過每一個在異鄉的夜晚，用餐、沐浴是到隔壁的公共食堂與公共浴場，閒暇時段則可能在俱樂部打發。自航空廠起建，到因二次世界大戰結束而關廠的前後五年間，或許滿是南腔北調的日語，在這些建築此起彼落著[21]。

五、轟炸之前：所以高雄、岡山是個什麼樣的地方？

——有如丘、如陵浮於平原曠野之中，為漯底山（其頂寬平，上有小竅出水）。

——特峙於大海之濱者，曰打鼓山（俗呼為打狗山）；水師之營壘在焉。

21 對於萬人規模的航空廠來說，僅有前述的宿舍自然是不夠的。一九四三年四月到八月，因應工廠規模擴大，臺灣人陳海沙先生（光宮海沙）所經營的「光智商會」再於原宿舍區東邊興建一批一百五十棟的工員宿舍，這一批增建的工員宿舍房舍較小、配置較壅擠，且生活機能亦不若第一期完整，推測居住著此時期始在臺招募訓練養成的本地工員。此外，在今岡山工業區（現正氣新村位置）也興建了一批宿舍。但這些後期興建的臺籍員工宿舍，除了缺乏相關史料外，也因空襲毀損、戰後改建之故而無留存，有待後續更多資訊出土。

——有橫列於東南形似飛鳳，曰鳳山。其在西南而與鳳山相附者，曰鳳鼻（有小崙形似鼻，故名）。

陳文達，《鳳山縣志》，康熙五十九年（一七二〇）刊行。

傍晚時分，我們看見了打狗港的地標——猴山。我們的船隻繞著猴山而行，在進港時，小心翼翼地穿過兩旁都是岩石的窄小水道，最後在離岸幾碼處下錨。港內風平浪靜，好像池塘一般，港外卻是驚濤駭浪。

Joseph Beal Steere，一八七三至一八七四年福爾摩沙探訪紀實。

我們所認識的高雄，昔日人們所稱呼的「打狗」，透過清代方志記載，可以想像岡山的漯底山，在清代就是平原曠野中浮現的一小丘，面向著海濱的制高點，俯視著海洋；再往下一點，今日熟知的壽山，有著打鼓山、打狗山、猴山等別名，更是座聳立於海岸的大山。博物學家的遊記，則補充了大山旁有一平靜港灣，是所有旅途船隻在浪淘中找到能停泊的地方；接續著往南移動，從中央一路蜿蜒下來，在海邊有個高起的小丘名喚鳳鼻。這些文字速寫了高雄從北到南的地景，而這些地景又在觀看者的不同意圖中，形成了新的面貌與用途，如果戴上了以防衛島嶼和南進為目的的濾鏡，那麼看見的就不只是單純的山川和海岸，更會是天然的軍事基地。

高雄便是在這樣的條件下逐步走向軍事要塞的地位。

一九三六年的南進國策、一九三七年中日戰爭爆發，皆使得臺灣作為後勤基地，以及作為航空轉運地進出中國或東南亞的定位，在戰爭中被凸顯出來——也影響了後來南部防務需求的增加，以及軍事相關設施的設置。

防務需求的考量是這樣的，當時北部有基隆要塞、外島澎湖也有馬公要塞，東部則有高山峻嶺作為天然屏障，唯獨南部有著防禦的缺口，需要有一個統籌的中心，主責兵器分配、編制部隊兵力、設置監控設施（如監控海域中敵方潛艇出沒狀況的「水中聽音所」）。為此，日本政府在一九三七年八月成立**高雄要塞**，主責南部的防務需求[34]，要塞司令部設置於壽山。和清領時期的水師選擇營壘根據地的理由相同，要以居高臨下的地勢，同時控制北邊的左營港和南邊的高雄港。

地形也同樣能解釋高雄從北到南遍佈的軍事設施。岡山寬闊的平原地帶擁有設置飛行場的條件，一九三八年海軍在岡山設置「高雄飛行場[22]」[35]，爾後又因飛行場的地緣關係，一九三九年再籌設專責飛機補修的「海軍第六十一航空廠」；而藉著高雄原有的港灣，在左營設置軍港、並在鄰近腹地後勁設置燃料補給的「海軍第六燃料廠」（一九四二年設

高雄要塞：隸屬於臺灣軍司令部，初為三等要塞，是繼馬公、基隆要塞後，在臺灣的第三個要塞。管區北自茄定，南至枋山，包含高雄市、岡山郡、鳳山郡、東港郡、潮州郡、恆春郡、鳳鼻頭。

22 岡山機場的選址考量與海軍策源地（海軍F要地）、高雄工業帶有關。

立）；戰爭末期，陸軍則在鳳鼻頭的山腳下，建立兩座飛行場：小港、鳳山飛行場。

一九四二年六月，太平洋戰爭轉捩點的中途島戰役爆發，那一役日本大敗，盟軍取得海上主動權，臺灣由支援基地轉為可能被敵軍登陸的「前線」。整個高雄地區開始了大規模構築防禦工事，所要防衛的即是上述這些軍事設施——從北高雄彌陀岡山，到南高雄林園[23]間的「漯底山－壽山－鳳山」連線。

而岡山，不僅擁有美軍攻擊的首要目標：高雄飛行場（岡山機場）、海軍第六十一航空廠，還有著相較容易登陸的岡山海岸（北起竹子港、南至典寶溪），因此被規劃為反登陸作戰的重心[24]。(36)於是，轄制著海峽，位在海岸線中點的圓形獨立山丘「漯底山」，在整體防禦工事中躍為要角，一份一九四四年八月四日製成的〈臺灣島築城計畫一覽表〉中，即擬定在漯底山開鑿坑道一四八〇公尺、構築砲穹窖八座、機槍穹窖二十座，以放置火炮和機槍。(37)同時日軍也依據與海岸線的距離，在岡山海岸由近至遠分別劃設「海岸陣地」、「核心陣地」、「副抵抗陣地[25]」，並於不同的陣地部署壕溝、機槍穹窖、平射炮臺與穹窖、防空炮臺，以及用地下化坑道聯通穹窖、人員掩蔽所和彈藥儲藏室等[26]。(38)這些防禦工事的目的只有一個：**部署於漯底山南側及二層行溪河口附近，以打擊**

23 當時林園隸屬於高雄州。

24 相較於臺灣西南部海岸潟湖遍佈，不利於登陸，岡山海岸的寬闊沙岸則提供了登陸條件。

25 主抵抗陣地後方之預備陣地。

26 從戰後接收之〈日軍第十二師團陣地配置要圖〉來看，位於前線之海岸陣地與核心陣地等，因構工時間較早，完成度較高。但後方之副抵抗陣地與複廓陣地完成度大多低於百分之五十以下。

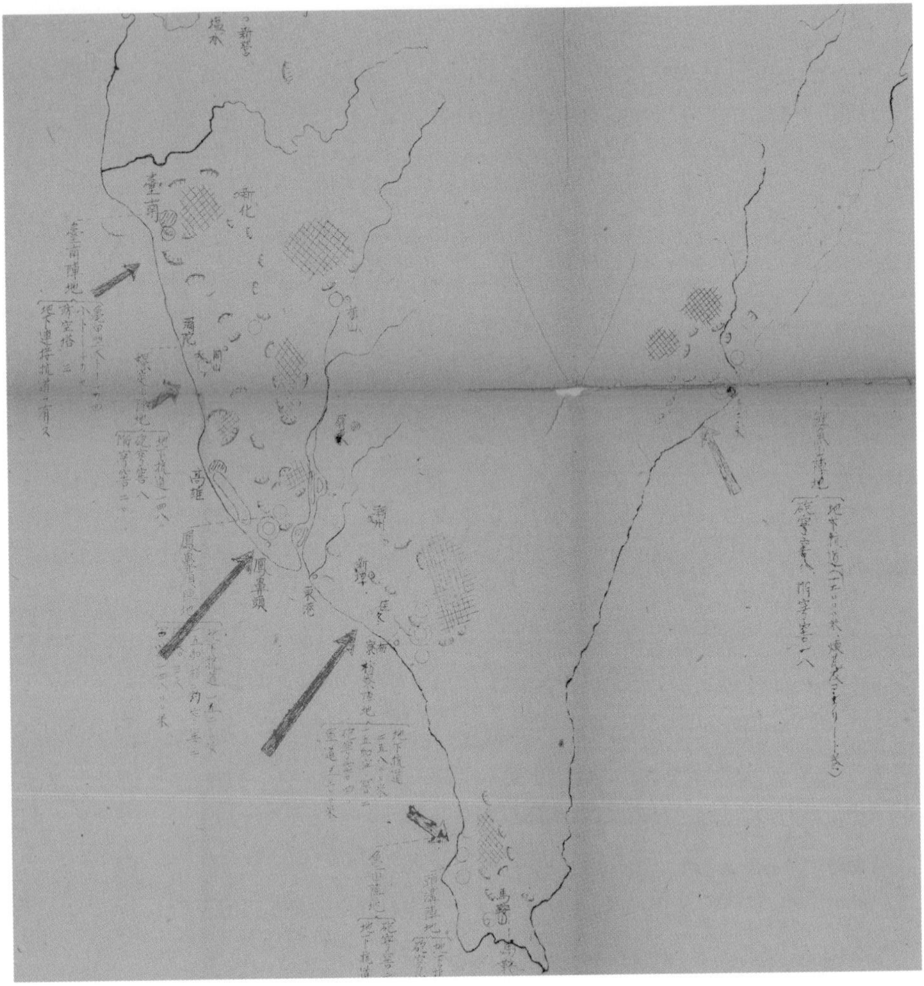

圖 18：〈臺灣島築城計畫一覽表〉漯底山陣地的部署，紅色箭頭則是可能的登陸位置。

圖資來源：第一復員局，〈第十方面軍作戦記録：臺湾及南西諸島〉，1946 年（本件典藏於国立国会図書館）

登陸的敵軍。一旦敵方上岸，必須阻止敵軍利用岡山機場，並固守漯底山、大小崗山，以利於爾後之作戰[27]。(39)

太平洋戰爭末期，這些防禦工事就這樣悄悄在山中和海濱建設著，相較於以對外出擊為目的，相對醒目的飛行場、航空廠以及其他軍事工廠，這些不見於日頭之下、以防禦為主的設施，則呈現了戰爭的反面。它們因高雄飛行場、海軍第六十一航空廠而建立，並在高雄要塞的整體佈局下，遍佈於岡山周邊[28]。岡山便是在這些軍事設施和築城計畫中，埋下了日後承接砲火的原因。

六、空襲、疏開與結束

「防空壕內烏天暗地攏是沙。」

「（我）覕佇水牛邊，那隻水牛死了，我無死。」

「空襲ê時，跋落來ê攏是日本飛機。」▲(40)

飛機機腹打開，一口氣數百枚的炸彈、燒夷彈穿越重重的雲層，落在岡山市街、航空廠、飛行場，如同一場傾盆大雨。對臺灣人而言，這

27 高雄要塞司令部制定之「岡山地區守備隊之作戰方針」。

28 部分防禦設施至今仍留存於現地，見本書第二章第四部分。

▲防空壕內黑天暗地都是沙子／我躲在水牛邊，那隻水牛死了，我沒死／空襲的時後，跌下來的都是日本飛機。

卻是一場修羅雨，地獄之雨。

臺灣島上首次遭受空襲，是發生在一九三八年臺北州松山的臺北飛行場、新竹州竹東街的蘇聯空軍來襲，造成少數民眾死傷。但此次轟炸屬於單次性的行動，真正大規模、跨區域，對多數人生活皆造成影響的空襲，則要到了一九四四年，美軍對臺灣發動的大規模空中攻擊，史稱「臺灣沖航空戰」。

在諾曼第登陸戰後，美軍意識到，陸上運輸亦是海上運輸的一環，與其只對軍事基地（機場、要塞）進行轟炸，不如將支撐敵軍作戰的交通設施、生產戰爭物資的工廠一併破壞，如此更能達到阻絕（air interdiction）的效果。也因此，在一九四四年盟軍規劃登陸菲律賓的「雷伊泰灣」（Leyte Gulf）時，作為南進基地的臺灣，便被納入了轟炸對象，目標是島上的港口、飛行場、鐵路、公路、橋樑、倉庫、軍需工廠（糖廠、燃料廠、金屬製造廠等），藉此破壞日軍取得南洋資源的補給線，以防滯日軍增援菲律賓的登陸作戰。而被美軍視為日本在「本土之外最重要的軍事設施」的岡山海軍第六十一航空廠，更是首要破壞目標。

一九四四年十月十二日起，在一片刺耳的空襲警報聲響中，岡山人共同仰頭看見了攜帶炸彈的巨大鐵鳥來到上空[29](41)。根據美國軍方的紀錄文件，十月十四日共有一百零三架的 B-29「超級堡壘」轟炸機，在航空

29 十月十四日的第一次轟炸，在二戰時為敵對陣營的中華民國，其官媒《中央日報》是這麼記載這一天的。〈超空堡壘前日襲台灣岡山被炸成火海〉：「（中央社超級空中堡壘某基地十五日電）據轟炸台灣歸來之超級空中堡壘駕駛員稱：十四日出動結果異常圓滿。岡山中彈後，即成火海。當時天氣晴朗，投彈極為準確，敵機及高射砲火抵抗均甚微弱，各機全部安返，李梅少將慰勉有加，謂是役戰績，為前此各役之冠，正式轟炸當自此始。」當日美軍是由中國四川的基地出發。

圖 19：美國第 20 航空軍 B-29 轟炸機群飛向臺灣，執行轟炸任務。

圖資來源：Air Planes (Army) B-29 Superfortress, 208 AA, Box.110 (NARA).

圖 20：美國陸軍第 20 航空軍轟炸臺灣，該系列照片曾登上 1944 年 12 月出刊的生活雜誌（Life Magazine）。

圖資來源：Air Plan –Army – Formosa, 208.AA, Box.10 (NARA).

廠和機場投下了六百五十一噸炸彈。兩天後，又有三十三架 B-29 來襲，投下炸彈兩百零八點七五噸。美軍的轟炸目的，是為了摧毀航空廠修造飛機的後勤支援能力，打擊日本海軍航空隊的可用戰力。(42)

部分工員在地面上親炙了轟炸的威力。當時在航空廠修理部作業的王文清回憶：「**爆炸的一瞬間，人被拋出去，整個人感受就像坐在巴士上，撞到石頭顛簸一樣，就這樣拋了出去，拋出去後摔下來碰到地，什麼石頭啦、木材都砸了下來，頭都縮著蜷曲，彎著背部讓它砸。爆炸時一些細的土砂粉，變成一層煙霧狀，十幾分鐘後慢慢落下來。**」(43)當王文清恢復意識後，他的右耳已全聾，左耳雖能聽到聲音，卻全是「轟轟轟」的殘響。

在地面上的王文清逃過一劫，然而許多在地表下的工員卻再也沒能走出來。在起造過程中即先行興建地下室的六十一航空廠，設想的就是在遭到轟炸時仍能維持工廠運作，十月十六日，美軍部隊連續轟炸的最後一天，地下室尚有百餘位發動機部工員照常地工作，只不過這一回落下的炸彈炸到了大水管，急水湧進了地下室，唯一的逃生門卻被炸得扭曲，一百多個人都魂斷於地表之下[30]。等到其他倖存的工員掘掘停停，終將遇難的戰友們救出時，已是十幾天後，腐爛屍體的味道穿過了一層又一層的手帕；潑上油準備火化的遺體，因肌肉收縮而爬了起來，那氣味

30 另有一說，遇難的為飛行機部工員，此說法來自梁啟祥。

和畫面，王文清形容「這一生即使把我的頭剁下來，還記在我腦海裡。」同樣參與救援的黃明得，也記得同僚們斷頭斷手斷腳，只剩下殘肢。

廠外的岡山市街亦受到嚴重波及，當時才五歲的劉國明回憶，某次空襲時，岡山街上有人迎娶新娘，在大家正迎接新娘入男方家門口時，低空掃射子彈的軍機，打死了新郎與扶新娘入門的人，只有新娘沒事，後來他看到佛具店的門口排了四具屍體。當時住在後紅的趙珠蘭記得，岡山每天近黃昏就有美軍定時的轟炸，她和家人便會躲在防空洞或是溪邊的林投樹林。(44)

劇烈的轟炸也讓許多人選擇離開家鄉，家族在市場裡開雜貨店的梁顯義表示，當時岡山街上的人若要出逃，大多是跑到鄰近多山的田寮一帶，「逃去田寮時，我們帶食物去分給那邊的人吃，『歡迎、歡迎你們來住』，他們都很高興。後來光復以後，田寮的人還帶了自己種的筍子、很多東西來家裡送我們，大家都有感情。」(45)

一九四四年十月十二日起的這一週，是岡山第一次受到戰爭砲火猛烈的攻擊，遭四個陸軍轟炸大隊一百六十六架次B-29，以及兩支美國艦隊五艘航艦十四個飛行中隊的猛烈轟炸，落彈量為全臺第一。(46)從此戰爭不再只發生在彼方，往後的人們稱之為「岡山大空襲」。

疏開的六十一航空廠

空襲後，六十一航空廠受到嚴重的打擊，除了十月空襲前，在小崗山原本即已建好的三座大型洞庫[31][47]內，配合「疏開計畫[32]」搬遷的生產線仍能維持運作外[33][48]，地面的廠房盡成廢墟，工員們以部門為單位，在空襲後被陸續疏開至臺北地區（士林、北投、草山）、新竹地區（新埔、關西、橫山、峨眉、頭份、三灣、南庄）、新社地區（豐原、東勢、神岡、石崗）、員林地區（大村、員林、社頭、永靖、埔心、福興、田尾、田中）、臺南地區（臺南市、虎尾、新化、白河）等地[34]。

人員疏開到各地後的工作狀況，因著各部門性質的不同，有著不同的際遇。像是目前留存的老照片中，可以看到疏開至新竹分工場的工員們於戰爭結束後，與南寮飛行場（現新竹空軍基地）有蓋掩體壕內一式陸攻機二十二型的合影；但疏開至北投的兵器部部門（七星國民學校兵器格納庫），由於大部分機器在戰爭時已毀損，大多數的時間是在挖山洞、削竹子自製竹槍，準備在美軍登陸臺灣後進行近身肉搏式的地面作戰。[49]

岡山大空襲後的兩個多月，戰爭將要結束的那一年，為了封鎖臺灣，徹底讓臺灣癱瘓無力再戰，一九四五年一月起至終戰前，美軍對臺

31 原為航空廠所興建的「隧道式爆彈魚雷庫」，名稱為「第六十一航空廠小崗山爆彈庫」。

32 日語寫作「疎開」（そかい），將人員疏散之意。

33 根據漢翔公司總經理李適彰先生口訪，一九四四年開始實施「疏開計畫」，陸續將廠內的生產設備，利用夜間，實施宵禁，保密地搬遷到小崗山預先建好的三座大型洞庫，並鋪妥輕軌一條以利運輸，輕軌經過現岡山區嘉新東路、大莊路、河華路，全程約七公里，將原料、備份件以及飛機成品存在洞庫，並利用附近竹林、樹林掩蔽、偽裝。盟軍轟炸後認為岡山飛行基地應已被全毀，不意未久基地及工廠又恢復運作，盟軍因此誤判岡山海軍第六十一航空工廠應有地下設施，於是更加密集轟炸使得岡山附近居民也遭襲，死傷不少，想不到飛機是躲到小崗山的洞庫。庫洞有三條，各長約一百公尺、高八公尺、寬六公尺。

34 海軍第六十一航空廠臺灣各地分工場位置與作業別，詳見附錄。

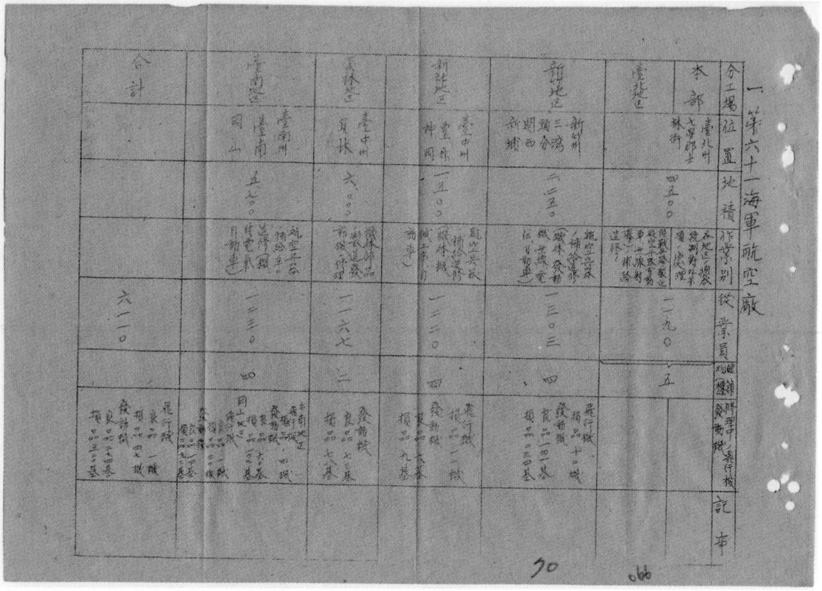

圖 21：戰後國軍檔案記載的六十一航空廠臺灣各地分工場概況。

圖資來源：國家檔案管理局〈臺灣海軍情報資料及各式圖表〉「航空廠修理機現狀」，檔號：B5018230601/0035/511.1/4010/1/002=0061。

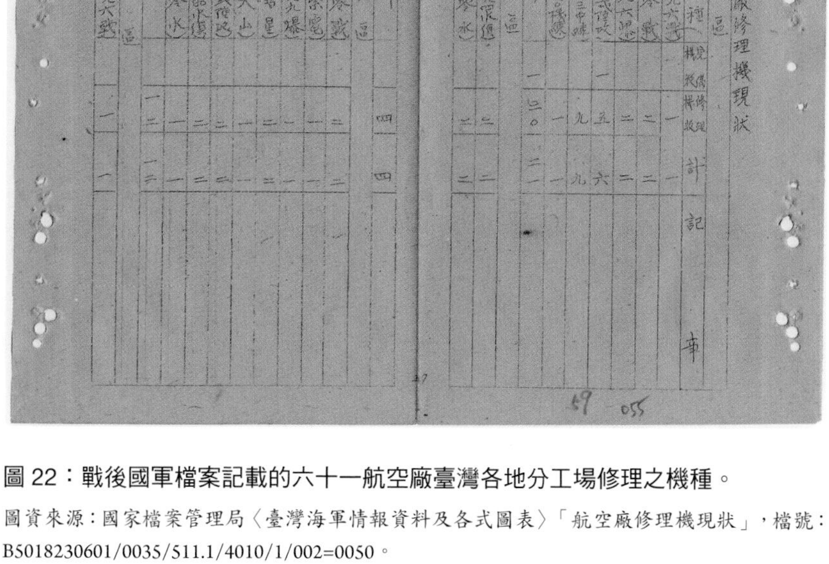

圖 22：戰後國軍檔案記載的六十一航空廠臺灣各地分工場修理之機種。

圖資來源：國家檔案管理局〈臺灣海軍情報資料及各式圖表〉「航空廠修理機現狀」，檔號：B5018230601/0035/511.1/4010/1/002=0050。

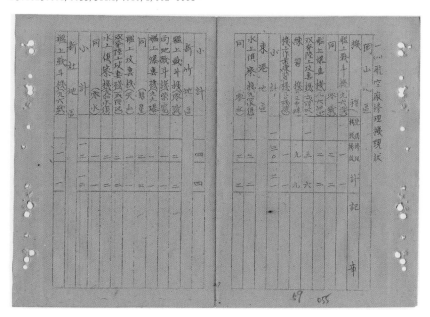

又再發動了多波空襲，每個月都有不同架次的飛機對臺灣投下炸彈、燒夷彈、汽油彈、低空掃射，以近乎逐日進行的方式轟炸。

彈藥灑下化作數字——戰後的調查報告是這麼紀錄的：

美軍轟炸主力第五航空隊（5th Air Force），共出動七千七百零九架次攻擊臺灣，高雄佔九百七十九架次（約百分之十三）；空襲建物兩千兩百三十九架次，高雄佔四百八十八次（約百分之二十一）；轟炸臺灣各地港口的總架次四百六十五次，高雄港佔一百七十一架次（約百分之三十七）[35]。(50)

高雄州因空襲而死亡者共一千六百六十二人（臺北州為一千六百七十八人），死傷人數（合併計算死亡、失蹤、輕重傷）四千零九十三人（死傷人數為全臺城市之最）。(51)

僅是數字不足以詮釋戰火劃過的地表，戰後一九四七年的空拍照或許更能作為見證：近四百甲的偌大土地上，原擁有四十二棟廠房車間的六十一航空廠，僅剩六棟小型建物與引擎測試區（Engine Testing block）逃過一劫(52)，其餘建築全毀，土地一片焦黑。旁邊的工員宿舍亦受到波及，現今仍留存的七棟建築（五連棟的雙層宿舍與對面的兩棟單

35 34th Statistical Control Unit, "Introduction", in Area Bomb Study Five: Formosa Area, no page. 另根據張維斌之統計，僅有一九四五年二、七、八等月，共約十餘日因天候等緣故，盟軍未空襲臺灣。

圖 23：遭轟炸損毀的高雄州廳（拍攝時間：1945 年 10 月 21 至 23 日間）。

圖資來源：Takao Scenes, 21, 22, 23, Oct. 1945, RG226, NM54 55, Box.3 (NARA).

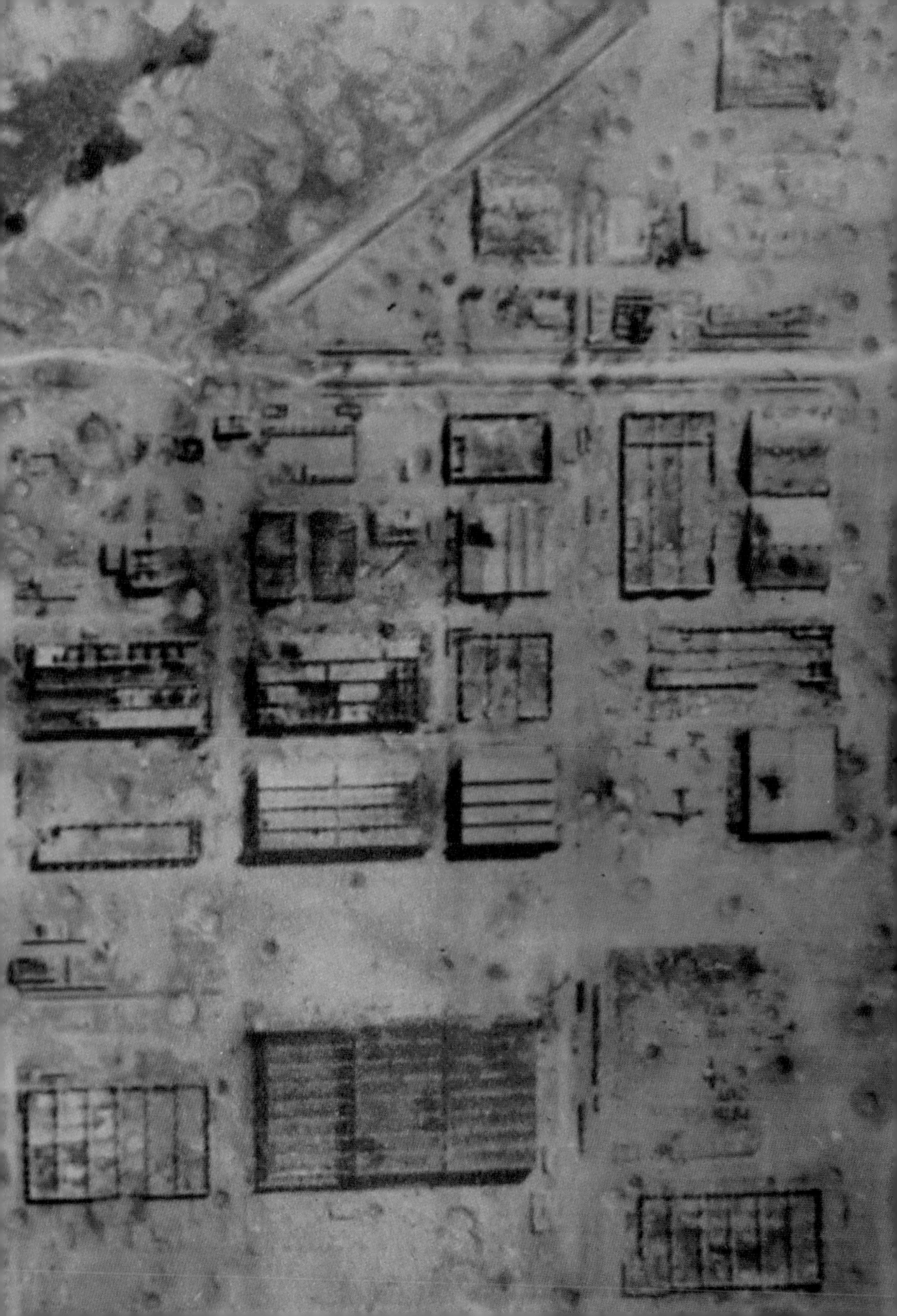

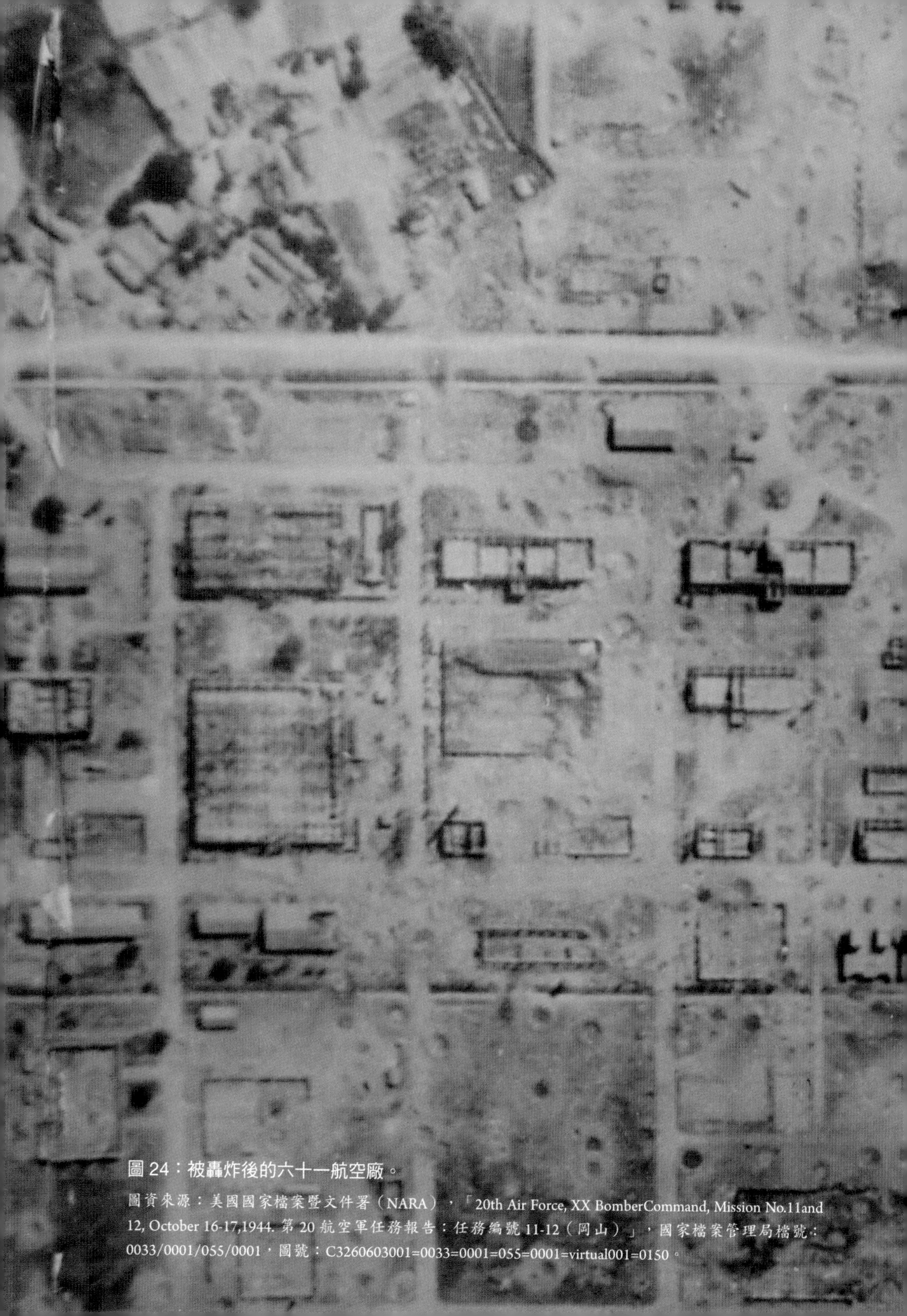

圖 24：被轟炸後的六十一航空廠。

圖資來源：美國國家檔案暨文件署（NARA），「20th Air Force, XX BomberCommand, Mission No.11and 12, October 16-17,1944. 第 20 航空軍任務報告：任務編號 11-12（岡山）」，國家檔案管理局檔號：0033/0001/055/0001，圖號：C3260603001=0033=0001=055=0001=virtual001=0150。

層附屬建築）中，有五棟的屋頂完全消失，只剩下結構牆面。周遭熱鬧的市街亦是一片狼籍，不復往日榮景。

但鳥瞰式的空拍照也不足以將地表上人們的活動納入，事實上也沒有任何一份地圖、檔案文件能夠做到。在大東亞共榮圈的帝國夢下而形成的軍事聚落，此間受到戰火襲擊的人們、在航空廠留下汗水的人們、沉睡在工廠地下室的人們，他們身影無法被捕捉，只能被覆蓋。

三年後，另一批人到來。

圖 25：被轟炸過後的六十一航空廠部分建築。

圖資來源：空軍航空技術學院校史館，攝於空軍通信學校復校初期。

圖 26：被轟炸過後的六十一航空廠部分建築。

圖資來源：空軍航空技術學院校史館，攝於空軍通信學校復校初期。

第二章

仍然活著的航空城

一、再次成為航空城

一九四五年八月十五日，昭和天皇以廣播的方式發表《終戰詔書》，宣布無條件投降。二次世界大戰結束，美軍的轟炸也終於止歇，只留下被炙燒過的土地。

佔地近四百甲的海軍第六十一航空廠，在戰後僅剩下了幾棟小型建物，而海峽的另一端，國共內戰再次升溫，一九四七年秋季後共軍開始對國軍發動攻勢，為了因應戰局變化，隔年秋季，空軍總司令周至柔決定以臺灣為訓練中心，把空軍各學校陸續遷來臺灣[1](1)，在事先勘查後，決議以高雄海軍航空隊及六十一航空廠的原址為遷校校地。「空軍通信學校」、「空軍機械學校」、「空軍軍官學校」便是在這樣的背景下來到岡山，成為今日空軍聚落的開端。

在三所學校中，第一所來臺的學校是「空軍通信學校」。一九四八年八月，時任校長方朝俊帶著一千七百八十七位人員（包括學生、教官、職員、軍士、眷屬），攜帶超過七百噸的物資（訓練裝備器材、補給品、檔案、行李等），從四川成都乘車到重慶，接著換輪船赴上海轉臺，三個月後，通校正科班第十一期新生便在岡山入學。接續其後，

1 學者曾令毅認為，遷臺的考量一方面在於臺灣遺留有日治時期的各類資材、基礎建設、基礎技術人才，另一方面當時中共海空軍短時間尚無渡海作戰的能力，臺灣海峽的天然地理障礙有助於阻絕共軍。

「空軍軍官官校」也在校長胡偉克的帶領下，從杭州出發，以海運或空運陸續抵達，並在一九四九年四月，完成全校人員和器材的遷移。同年六月，以「工員養成所」為校址的「空軍機械學校」，校長文士龍也帶領一千五百八十一位人員，隨同一百五十噸的器材陸續遷臺，並在九月五日復課。(2)

在空缺中續寫

無論是通校、官校或機校，都是在來臺數個月間便復課。如何在短時間內自一片廢墟中築起學校，這些細節並未被載入校史，以空缺回應著當時倉促的重建狀況。僅存一塊空軍航空技術學院（由空軍通校與空軍機校合併而成）校史館中的銅碑，鏗鏘地寫道：

全校人員供以純誠，奮其勇節，罔顧一己之力，圖復校之務，寢饋未安，公事為重。既早作而夜思，復勞心而勤力，如水電、如房屋，先求其有，或斧斤、或刀鋸，次謀其精，於是昔之殘破者，次第復原已，昔之荒廢者，日就美化已。一年而基礎建立，二年而規模略具。(3)

相較於銅碑的記述強調著校方與學生的投入，曾為航空廠工員，在戰後參與通校整地、校舍建設的黃明得，他的記憶提供了另一個得以快速復校的原因：

方校長問我日本人有沒有寶藏在這裡？我說，日本人跟窮鬼一樣，怎麼會有寶藏，「那有什麼值錢的地方？」我就跟他說，日本時代在這設施裡面的電纜，一尺差不多十斤，那時候這樣的東西很缺，現在都沒路用了，那我們來挖起來。他說埋在什麼地方你清楚嗎？「可以啊，從電源的地方來找就有了啊。」—[4]

在原物料和幣值都飛漲的戰後初期，黃明得指認出航空廠地下電纜的位置，讓通校彌補了不少復原物資上的缺口[2]，也呼應了時任空軍總司令周至柔將日人遺留的基礎建設作為遷臺時的考量點之一。

接下來的故事是這麼寫的，一九四九年底中華民國政府全面遷臺，也代表空軍三校正式在岡山落腳：官校負責飛行員的訓練，基本飛行、轟炸飛行、戰鬥飛行、儀器飛行；機校負責飛機修護、機械、土木、補給等基礎課程，美援時期還有種子教官巡迴各基地做新機訓練[3][5]；通校則培育具有電子通信、電子測量、雷達工程、氣象等專業技術的人才，

2 關於當時建校資金短缺的問題，二〇一〇年在岡山新生社的一次聚敘時，方廷諄（通信學校校長方朝俊次子）先生的回憶便反應了類似的情況：「重建需要大量的水泥磚瓦，當時好不容易和民間廠商談好價格數量並簽約了，但因全臺各地都在重建，建材價格趁勢暴漲，廠商告訴學校要漲價否則無法出貨，方校長得知此事很是煩惱，軍方不可能再給錢，工程沒材料作不下去，學生沒教室上課沒宿舍睡覺怎麼辦？校方與廠商協商不成，有一天下午，方校長親自帶領一批軍職人員每個人手持步槍坐上大卡車一輛，就氣沖沖地開到水泥場門口，要廠商依約交貨！廠商心想這下會出人命，嚇得馬上先給一車的水泥讓軍職人員帶走，之後也乖乖依約付建材了。」（林玉萍紀錄）

3 此即機校的 MTD 小組（Mobile Training Detachment）

圖 27：戰後初期整建中的空軍通信學校，校地一片空曠。

圖資來源：《岡山老照片說故事》，頁 93。

以航空科技輔助飛行。

從昔日的日本海軍航空廠到今日的空軍教學重鎮，岡山的空中依然有飛機，三校連起的大片校地前，一間間軍用品店、洗衣店、軍用皮鞋行陸續出現，工員宿舍成為空軍眷舍，並且新築了更多房舍，是為眷村。後設性地來看，飛行之於岡山是被延續下來了，回溯空軍三校擇址的原因與重建的過程，提供了岡山何以成為今貌的一種解釋。但這份「延續」卻是在拼接中慢慢織就的——延續航空命脈的，是肩負任務跨海來臺的學生、教官、職員、軍士，他們懷著國家抱負與短期任務的心理，揮別家鄉、親友，卻在時局之下不得不落地生根；延續航空地景的，是被攜來臺的空軍眷屬，亦是學習著與另一批移民共處的在地百姓。「活著」的航空城，活在空軍三校，活在空軍眷舍，也活在交雜的語言裡、交融的飲食口味中，以另一種姿態延續。

二、從工員宿舍到空軍眷舍

航空廠的工員們離開了，留下了一連五排的雙層工員宿舍與隔壁的兩棟附屬建築。相較於六十一航空廠的滿目瘡痍，一公里外的宿舍群逃過了全滅的命運，儘管受到了砲火波及導致幾間屋頂炸毀，但牆面結構仍存，將屋頂蓋回後便可持續使用，這些房子便在戰後，成為了另一群人飄洋過海來臺後定居的眷舍。

一九四八年八月後，空軍三校遷臺，來到岡山的人員超過了三千人，短時間內無法快速地起建大量房舍，於是日治時期所留下的宿舍群，自然就成為了這些人的安頓之所。而鄰近空軍官校、屋況尚稱良好的航空廠工員宿舍，則被安排為官校飛行教官的眷舍，沿用著過去在杭州筧橋中央航校的空軍軍官住宅區之名，稱為「醒村」。和附近的其他眷舍一起，作為大時代下空軍眷村的一部分。

慢慢成為家

「空軍剛從筧橋出來，到了岡山，當時這些房子都還不行，他們從杭州來了以後，帶了眷屬的都住在岡山機場旁的倉庫裡，因為倉庫沒辦法隔開，就用鐵絲網拉起來，然後用軍毯蓋起來，一格一格。醒村修好以後，他們才搬進來。」一九五三年才住進醒村的飛行教官黃山年，透過第一批入住同事的回憶，銜接起初遷臺時的情況。

醒村主要是提供給有眷屬的官校教官入住（若是單身，則會另外安排住在勵志村附近的「羅漢堂」），每一位教官分配到一戶眷舍，等同日治時期獨身宿舍的一單元，大約十坪左右的大小。這樣的空間通常會住上二至四人，飛行教官大多年輕，來臺時僅夫婦兩人，少數人則有一兩位孩子。一開始在空間的使用上，是延續著日治時期的格局，每一戶房內只有居住空間，廁所、浴室、廚房都在外面。在緊急遷臺、隨時準備反攻的日子裡，時任官校校長胡偉克的觀念是「兩年以後就回去了」，所以大陸撤退時要求官兵們不要攜帶太多行李，來臺後眷屬的生活也採軍事管理，沒有廚房，所有人都是按時在禮堂（餐廳）一起吃飯，廁所洗沐也是在公共空間，盡量減少私人生活。

一開始這樣的空間還算是堪用，但慢慢過了一兩年後，兩個人變成三個人、四個人，有了孩子，東西就慢慢多起來了。公共食堂的不便也隨之顯現，食堂吃飯需繳交眷屬糧款，對於領著固定薪水的飛行教官而言，孩子增加後這筆費用漸成沈重的負擔；而食堂統一供應的飯菜，更是無法滿足不同年齡層、不同的口味。反攻大陸的期程未定，官校只好改變管理方針，讓各家自建小廚房，一樓的住戶依著圍牆，二樓的住戶搭在走道，每到了吃飯時間，各家做菜的氣味繚繞在一整排房子之間，**「張家炒什麼菜、李家做什麼飯，大家都很清楚。」**當時還是孩子的住戶武燕萍記得。

除了廚房，每一戶也陸續隔出主臥室、孩子房，若鄰近有人搬出村子，只要向官校申請、付點「權利金」，就可以頂下房子、打通壁面，擴展居住空間；一樓的住戶也可以申請在庭院內再蓋小屋。時日一長，來到村子居住的也不限於官校的飛行教官，連職員、地勤都有，只要談好頂讓條件就可以入住。自費更新房子、種下果樹、闢建池塘養魚……，醒村不再只是預計待兩三年的臨時居所，在人群的來去與建築的增建之間，慢慢長成了家的模樣。

看不見的戰爭

從工員的暫時棲所，到落地成家的空軍眷舍，物換星移間，唯有戰爭的陰影不曾遠去。只不過陰影從現身於空中、攜帶著炸彈的巨大鐵鳥，轉為瀰漫在村子裡不可見的，眷屬們對於對於戰爭、對於失事的恐懼。

早期醒村的居住者以官校的飛行教官為主，在戰後初期臺海情勢緊張時，官校不僅擔任空軍戰鬥人員的教育訓練，飛行教官也奉令組成空中作戰大隊，肩負空中與地面作戰的任務。(6)但即便沒有戰事，執行日常飛行訓練、空中照相偵查等任務，有時也會碰上飛機的器械故障、人為操作的意外，只要飛上天就有一定的風險在。對於飛行的失事，村子裡一向諱莫如深，飛官吳炳炎先生回憶，一九五〇年三月，不知何故，飛行頻頻出事，不到十天內，連摔三架飛機，官生五人殉職，那幾天人們談飛色變，人心惶惶不安。[7]對於飛機失事，身為飛行教官的太太，周菊生女士是如此記得：

我家對面有一個陳太太，她先生出事，我們都知道了，可是她不知道。怕她一下子知道這消息會受不了，我就把她找到了我家來，另外找了兩個人陪她打麻將。後來別人來叫陳太太，說妳家有客人，她一去一看，家裡門口來了五六個都是穿軍服的，她知道情況不對，馬上就崩潰了。失事原因是人為的飛機問題。

周女士的回憶裡，呈現了空勤眷村裡獨特的樣貌，包含了對於意外的有所「準備」以及眷屬們的互助。相較於成人的憂慮，在武燕萍等孩子的視角看來，是這樣子的：

只要碰上失事，爸爸們都很晚下班，我們那時候是小孩子，鄰居有人有這樣的死亡，晚上我們都不敢出門，因為那時候路燈很昏暗，很多

樹影晃來晃去，就很害怕。

但若發生的是失蹤事件，村子氣氛立刻就不一樣了。

很容易就謠言滿天飛，「投匪了」，這時遺眷就被大家冷凍隔離趕快劃清界線，立刻薪水也全部停，事情沒查明前，公家也不管他們，感覺很是現實。有一樁失蹤就是大半年才找到，結果飛行員是在嘉義撞山了，被獵人發現骸骨跟飛機，人還坐在駕駛座上。遺眷半年後才獲得平反。

要到了飛行儀器更進步後，飛機失事率才跟著下降，同時以飛行教官為主的村子，也逐漸有了地勤、職員等不同身份的家庭搬入，特殊時代下對於飛行事故的濃厚氛圍終於跟著稀釋，成為封存的記憶。

戰火外的日常

所幸，被記得的不只是肅穆的時代氛圍，飛行記憶也有著輕盈的另一面。當時的官校校長胡偉克，中英混血，有著洋派作風，而住在醒村的飛行教官，許多人也都在美國受過飛行訓練，深受美式文化的洗禮。因為校長和飛行員都喜歡跳舞，村子便每週固定舉辦舞會。[4](8)沒有舞廳，就在醒村空地上造一個磨石子舞池，舞池旁的司令臺就是樂隊舞臺，舞會都是週六舉行，村裡村外的人皆可參加，夜幕降臨之際，華燈初上，負責康樂活動的軍官準備了雞尾酒在旁增添氣氛，軍官們攜著太太，成雙成對地在舞池搖曳。女性們都穿著旗袍，大多是向介壽西路上的「瞄身旗袍」訂製，許多孩子們都還記得帥氣的父親、婀娜多姿的母親，雙雙對對跳舞的身影。

空軍眷村、空軍三校的存在，也為岡山鎮上帶來了變化。村外，附近居民會搬著小板凳到村子的廣場看每週放映的電影、到村裡的籃球場和桌球室打球（醒村的球場是附近最好的），也和眷戶交易軍眷糧，在欣欣市場擺攤賣外省口味的食物予眷戶；空軍三校外，居民楊進清對「菜尾」的滋味印象深刻，每日下午五點多過後，軍人就會把伙房裡的剩菜、剩飯煮過後再打包，用腳踏車沿路叫賣，媽媽們聽到了，就會拿著碗去買，菜尾不貴，有菜有肉，通常會作為晚餐的加菜。同樣住在附近的楊明正，則記得有一條「軍路」，鋪著柏油，是附近最好的一條路，每天空軍的軍人騎著腳踏車經過，出入通校和官校，車水馬龍。

自三校遷臺後的一九四九年，數十載過去，當年颱風來臨時會被掀

4 另有一說是每個月舉辦。

走屋頂、樓上的水會滴下木地板的縫隙，倉促間修好的醒村，已經成為另一群人牽掛的家；這些年來，村裡村外、本省外省，人群的交流也已超越圍牆和省籍，在縫隙間發生，密密地織成岡山的今日模樣。

三、封存交會的醬罐

戰爭遺留下的也不只是有形的建築施設，人群的遷徙間也帶來了無形的物事。

步出岡山火車站，一家家紅色招牌的羊肉店比鄰著，店裡的櫥櫃擺著一瓶瓶藍橘包裝的豆瓣醬，在桌上醬碟裡配著羊肉的鮮甜；而在眷村改建的國宅大樓，家戶裡也藏著一罐罐的豆瓣醬，化身為麻婆豆腐或回鍋肉，端上餐桌牽起家鄉味。那些味覺記憶不是能被簡單定義的「外省」或「臺式」，而是生命經驗的積累，積累著在不同地方、與不同人群的交會。醬罐封存著這些交會。

飄洋過海的豆瓣醬

如果不是因為航空廠，或許明德豆瓣醬不會在岡山誕生。

把時空倒回一九三七年的河南開封，那時二十七歲的劉明德還不識任何醬料釀造之法，他有的一身技藝是打鐵——將一塊燒得燙紅的鐵板，俐落地在幾個榔頭的起落間，敲成六邊型的螺帽。在那個年代，老一輩認為唸書不如做工，所以劉明德很早就在家鄉的兵工廠學手藝，在還未有自動化機器的時代，擁有著講究力道與角度精準的打鐵工夫，讓他開了一間小型鐵工廠，足以維生。那一年的大事是發生在盧溝橋的「七七事變」，中日戰爭白熱化，也為兵器製造的工作帶來了機會，他承包兵工廠的工作，做一些槍枝零件、降落傘扣帶等配件，工廠跟著戰事移動，當軍隊遷移到「大後方」的四川成都，他也跟著入川，一待就是十年。

鐵工廠的經營並非一路順遂，一九四七年劉明德收起工廠，憑著精湛的打鐵技術，加入了空軍，擔任空軍通信學校（通校）的機械士。二戰結束也是國共內戰的開始，從軍的時間正好遇上了中華民國政府的敗退，隔年他便跟著部隊，一路從成都、重慶、上海再搭了渡輪來到臺灣，來到通校的復校地高雄岡山。

說起劉明德，在家人和朋友記憶中的他「抽鴉片，一餐得喝上兩瓶高粱酒，可以為了不相識的路人打群架」，是這樣一個剛直、天不怕地不怕的人。然而如此性格也不容於嚴明的軍事體系，尤其是在國共內戰方酣、沒有自由的戒嚴期間，軍人是屬於國家的，軍人的思想也是。

來到岡山通校不過兩年左右的時間，一日，劉明德在岡山火車站認識了兩位一貫道的傳教者，也是從大陸撤退來臺的老鄉，雙方一見如故，話談得投機，劉明德便隨著他們到臺南佛堂聽傳道，一聽入神，至此之後成為虔誠的信徒。然而軍人沒有信仰自由，一貫道更是當時官方認定的「邪教」，在信仰和前程之間，他選擇了信仰，於是國防部一紙命令派下來，革除了他在通校的工作。革職自然沒有退職金，兩手空空來到臺灣卻沒了工作，帶著妻小，眷舍也不能住了，改和當地人租了一間木頭房子，劉明德的兒子劉炳榮還記得那段日子，冬天的冷風沙沙地從縫隙中吹進來時，要塗上一層層厚厚的報紙來擋。那時候劉明德被認為有匪諜嫌疑，三更半夜憲兵都會來翻箱倒櫃，家人通通叫起床，這樣的日子過了整整一年，直到情治單位認為一無所獲後才離開，所謂的「白色恐怖」一家人也是經歷到了。

同事們好意湊了幾十塊錢給劉明德，當作他做點小生意的資金。起先是試著孵豆芽菜來賣，後來靈機一動，才想起住在四川的那十年，左鄰右舍都會自製的豆瓣醬，當時的臺灣還沒有人在賣這樣的東西，而岡山地區有著大片軍眷村，許多人都是從大後方的重慶、成都來，或許一家人有機會靠著賣豆瓣醬過活，劉家的豆瓣醬事業便這樣開始了。但從四川到岡山，能取得的原物料也不盡相同，四川盛產大宗平價的蠶豆，因此川式豆瓣醬以蠶豆和辣椒兩種為主原料，到了岡山後，蠶豆不如四川普遍，劉明德便多加了「黃豆」替代；在食品保鮮殺菌設備還不足的時代，為了保存久一點，他還在豆瓣醬上面加一層麻油，以便阻絕空氣。黃豆的鮮甜，混合著麻油的香氣，便成了豆瓣醬從四川飄洋過後海後，落地生根的滋味。

做好的豆瓣醬裝在盆子裡，一次挑兩大盆到眷村去賣，眷戶們聽到吆喝聲便從就從家裡拿碗出來裝，每次挑出去都賣個精光，豆瓣醬填補了移民對於家鄉味的思念，也在往後的幾十年間，拓展通路，築起工廠，傳承三代，成為了老一輩眷村人的味覺記憶。當年的劉明德怎樣也想不到，那十年暫待在四川時所學的豆瓣醬，後來竟然可以救命，從打鐵師傅到通校的機械士，最後有了一個以自己為名的醬料工廠。

一九五〇年代，豆瓣醬首次出現在臺灣，走入了眷村，化作眷村媽媽們餐桌上的麻婆豆腐、回鍋肉，紅燒牛肉麵，這些稀鬆平常的家常菜，就在不知不覺間隨著人群的移動傳播了出去；豆瓣醬也乘著飛機，從岡

圖 28：劉明德之子，明德豆瓣醬二代劉炳榮先生。

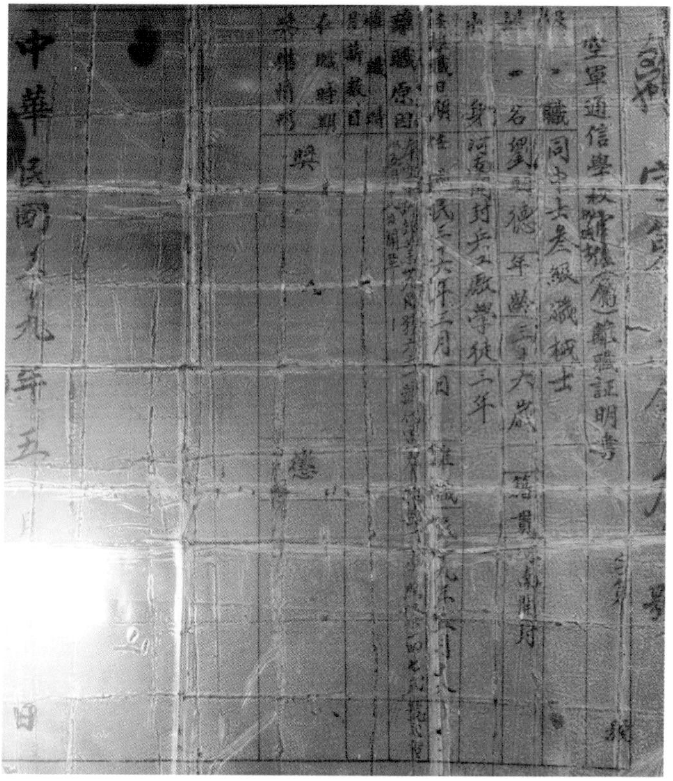

空軍通信學校離職證明書
級職 同中士叁級機械士
姓名 劉明德 年齡 三十六歲 籍貫
出身 河南開封兵工廠學徒三年
到差日期 民三十六年二月 日
離職原因
離職時薪數目
在職時期
獎懲情形 獎 懲
中華民國三十九年五月 日

圖 29：劉明德先生的離（退）職證明書。（檔案提供：劉炳榮）

山到全臺各地，畢業後分發到各縣市的空軍官校學生，總是不忘回來劉家帶上一瓶豆瓣醬。即便有個外省身世，廣為應用在各式外省菜上，但對於劉家人而言，明德豆瓣醬使用了在地的原料，並且在眷村裡長出不同的料理，他們釀造的，始終也是臺式豆瓣醬。

豆瓣醬的日式味覺

豆瓣醬的故事還有下半場。

距離劉明德所住的協和村不遠處，岡山鎮上最熱鬧的「舊市場」（現平安市場），有間自日本時代便在此經營的商號，一間名喚「民警同志」的雜貨店。經營者梁功成先生，一邊開雜貨店，販售著各式食品調料，同時店頭也販售著日式醬菜——味噌、黃蘿蔔、花菜漬（はなづけ）等，這些醬菜都是他自製的，梁功成擁有靈敏的味覺，毋需向日本人拜師學藝，只要吃過便能嘗試出作法。

戰後，日本人離開臺灣，但並未把飲食習慣一起帶走，甜甜的日式醬菜仍舊在店頭販售給慣於此味的臺灣人，然而也多了一些過去不曾有過的味道，那是外省人劉明德在店裡寄賣的自製醬料，一缸辣椒醬、一缸豆瓣醬[5]，口味對於當時的臺灣人來說偏重了些，吃不慣，因此主要是

5 顏色偏黑的鹹味豆瓣醬。

眷村的居民來買。梁家的第三代梁顯義記得，有次因為銷得不好，劉明德把醬收回去時，為求方便，把兩缸的醬混在一起，結果醬料發酵了，很香，反而變得好吃，劉明德便將這些混合的醬料裝罐，一罐罐地在家中的雜貨店寄賣。「我爸一吃就知道是混的。」梁顯義說，這成為了梁家辣豆瓣醬的開始。約莫在一九六〇年代，梁功成試著自製這種調和的滋味，並邊賣邊根據臺灣人的口味做改良，最後憑著日本時代開始自製日式醬菜的經驗，將臺灣人偏甜的口味納入，在調和的醬料中加入蔗糖，成為了梁家口味的辣豆瓣醬。

辣豆瓣醬對於臺灣料理來說可是新鮮事，不僅料理上不曾使用過，甚至連「豆瓣」都是個外來語，臺語中沒這個詞彙。梁功成於是從雜貨店所在的市場開始，向左鄰右舍自薦這個新式的醬料。機緣就在此發生——梁家的雜貨鋪附近，恰好就是幾間羊肉舖子，大新羊肉、德昌羊肉、舊市羊肉，在梁功成的自薦下，店舖頭家們發現，有別於過去臺灣人吃羊肉時蘸的辣椒膏[6]，帶著鹹甜的辣豆瓣醬更能襯托出羊肉的鮮味，於是紛紛採用。從岡山舊市場出發，梁家辣豆瓣醬漸成了岡山羊肉料理的標準沾醬，成為馳名的「岡山羊肉」之味。

八十年過去，戰火的煙硝慢慢沈入土地，終成一部分的沙塵，而另一部分則長成島嶼堅定不移的味覺。印著明德、梁記，以及其他大小間

6 今日吃關東煮時常見的紅色辣醬，偏甜。

圖 30：梁功成之子，梁家辣豆瓣醬二代梁顯義先生。

圖 31：梁顯義先生創立的梁王牌醬料。

的醬料工廠之名的醬罐，穿梭在家戶和店頭間，成為岡山人的家鄉味、外地人認識岡山的起點，然而醬料不僅是個人的認同與記憶，醬香也牽縈起沉睡的過去，是從航空廠到通校的人群流離，是日式醬菜經驗與外省家鄉味的雜揉，醬料記憶著土地。

四、存續岡山的飛行記憶

戰爭結束，時間又走過八十年，如果用鳥瞰的視角，縮時來看戰後岡山的土地變化，或許會看見，焦黑夷平的航空廠上築起了空軍機、通二校，周圍的土地長出一片片眷村，然後又化為平地；阡陌的田地漸漸由房舍替換，形成街廓，房舍由木屋汰換到樓房。一道道筆直的馬路畫過土地，大片的滯洪池被闢建，那是現代都市的表徵。然而在地景的變遷中，有些施設頑強地留了下來，偶然地出現在田間、廟旁、公路邊，遞出一個來自過去時空的邀請。

起點自然得是空軍基地、空軍官校和航空技術學院。佔了整個岡山西側土地面積的大半，偌大相連的範圍指認了這裡曾有的航空施設規模，歷經岡山大空襲，高雄飛行場經過修復，戰後作為中華民國空軍基

圖 32：航空技術學院內封起的出入口，據說可通往日治時期的地下室。

圖 33：日治時期遺留下的丸龜形防空壕，已與樹合而為一。

圖 34：原第六十一航空廠內的溝渠，今軍校生傳稱「黑龍江」，尚留存日治時期的紅磚拱橋。

圖 35：溝渠護岸以硓砧石砌成，推測應產自小岡山、壽山、半屏山等地。

地，跑道上依舊有著飛機起降；而六十一航空廠的土地成為空軍航空技術學院，在新建的校舍建築之間，仍有部分殘跡保留，行政中心「明教樓」封閉的地下室大門，通往原本的地下室工廠；校園散落了數個丸龜形防空壕，而在原為工員養成所的巨輪校區內，也有為數不少的防空壕，有些只相隔幾步路，如同昔日工廠的幽靈徘徊。一個上萬人規模的航空廠會需要多少防空壕，才足以讓戰機下毫無遮蔽的工員在緊急時避開戰火？

沿著空軍基地的圍牆往西，方向上是往彌陀海岸前進，貼著基地邊緣有一座大型的有蓋掩體壕。「掩體壕」為日文，中文稱「機堡」，指的是停放飛機的防護掩體，分為有蓋掩體與無蓋掩體兩種。沿著臺十七線公路走，在不時有飛機劃過的天際之下，一座有蓋掩體壕在鐵皮屋、電線竿、廣告看板等日常公路地景間陡然地出現，若隱若現於樹叢間，讓瞥見者對如此大量體的不明建物感到疑惑。

但在公路上看到的其實是有蓋掩體壕的背面，要從旁邊鐵皮工廠小巷中鑽入，才能看見它的廬山真面目。在地面上我們不容易覺察空中飛機的巨大，直到置身能容納一整架飛機的有蓋掩體壕前。

有蓋掩體壕通常設置於飛行場的周圍，讓飛機在機場遭到轟炸時有藏身之處，以達到分散、保存戰力的功能。開口面對著空軍基地——過去的高雄飛行場，方便飛機可以經由疏散道、滑行道，至主跑道起飛升空。這也是岡山空軍基地周圍，所僅存的一座日治末期所建的有蓋掩體壕，在今日岡山空軍基地內，尚留存數座不同尺度的日本海軍型有蓋掩體壕，而其他各空軍基地則多已在美援時期拆除改建為美式的機堡。從造型來看，此一掩體壕有著開口處較大較高、後端收縮後較小的特色，這是由於太平洋戰爭期間常用的機型為「後三點起落架飛機」，造型為前方較高、尾翼較低，因此設計「凸」字型的開口，方便機身通過。從掩體壕跨距較大的特徵來看，是供機體較大的「銀河轟炸機」或「一式陸上攻擊機」使用。

今日看見的有蓋掩體壕，比日治時期的原貌多了戰後增建的磚牆，推測是軍方不再使用後砌牆封閉，後來民間的土地所有權人再將磚牆部分拆除，拿來做倉庫使用。儘管內部堆放了雜物，但步入掩體壕，走進身後斜著打入的光線中，偌大的空間不會放過腳下踩踏的細瑣聲音，抬頭向上看，鋼筋混凝土頂蓋上外露的鋼筋是戰時軍方才能取得的建材，閉上眼，依然可以想像在一片刺耳的空襲警報中，飛行機從身後被緊急推入。

順著臺十七線公路，從有蓋掩體壕出發繼續往南，會先經過日治末期岡山防禦中心漯底山，那是一個日軍檔案記載擁有近一千五百公尺長

圖 37：高雄飛行場轟炸機用有蓋掩體壕內部現貌。

| 高雄飛行場轟炸機用有蓋掩體壕，120°15'07 "E, 22°46'57 "N |

圖 36：在地面上我們不容易覺察空中飛機的巨大，直到置身能容納一整架飛機的有蓋掩體壕前。此為岡山空軍基地周圍，僅存的一座有蓋掩體壕。

圖 38：高雄飛行場轟炸機用有蓋掩體壕內部，鋼筋混凝土頂蓋外露的鋼筋。

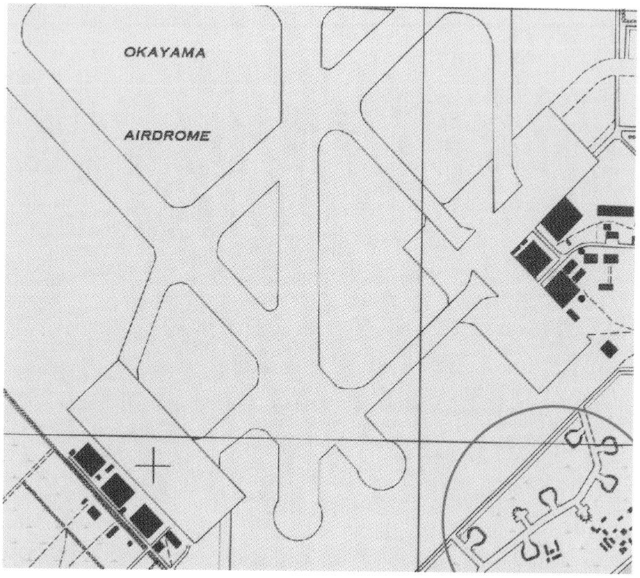

圖 39：1944 年「美軍繪製臺灣城市地圖 岡山（OKAYAMA）」中的 OKAYAMA AIRFORCE（高雄飛行場）與掩體壕圖示（右下角圈起處，標示為本書所加）。

圖資來源：The University of Texas at Austin，網址：https://maps.lib.utexas.edu/maps/ams/formosa_city_plans/。

的地下坑道[7]、環山建立了許多存放火炮彈藥的穹窖之處，當時的士兵在山上枕戈待旦，望著遠方的彌陀海岸，他們不會知道腳下的山會成為日後的「漯底山自然公園」，遊客如織，步道上滿是健行賞花的民眾。

逐漸遠離機場周邊，機場的防空設施依舊列隊在原地等待，一連三座外觀、形制皆相近的中型防空塔，分散在公路周圍，現身於田間、傍著廟宇，或隱匿於木材工廠中，每座平均間隔約兩公里，形成火力覆蓋的連線。所謂的「防空塔」為日軍稱法，顧名思義，是阻滯敵人傘兵空降長驅直入的碉堡。中型的防空塔共三層，包含半地下一層及地上二層，半地下一層為儲藏空間，第一、二層為重機槍室，每一座的射口角度、數量皆不同，但共通點是射口位置上下交錯，東南西北，東南西南西北東北，共同組成三百六十度無死角的射界。這三座在軍事上的稱呼是「海軍中心軸平射機砲塔」，「平射」指的是射口防禦的角度，防禦每一位從天而降的傘兵。

讓我們暫且移動回機場西北方，阿公店溪的流域左岸，這裡有一座量體更大的防空塔。塔的四周無遮蔽，毫不掩飾地出現在臺十七線旁，周圍沒有更高的建物，一如八十年前。

這座大型防空塔名喚「日本海軍高平兩用槍砲塔」，「高平兩用」指的是可搭配高射和平射兩用的機槍，位於機場的西北邊，用來防禦低

7 現今國軍已予以封閉，不開放。

| 日本海軍中心軸平射機砲塔，120°15'38 "E, 22°44'57 "N、120°15'23 "E, 22°45'35 "N、120°15'56 "E, 22°44'20 "N |

圖 40：日本海軍中心軸平射機砲塔（梓官區「は號工事第四號塔」），120°15'23 "E, 22°45'35 "N。

圖 41：日本海軍中心軸平射機砲塔（梓官區「は號工事第三號塔」），120°15'38 "E, 22°44'57 "N。

圖 42：日本海軍中心軸平射機砲塔（梓官區「は號工事第一號塔」），
120°15'56 "E, 22°44'20 "N。

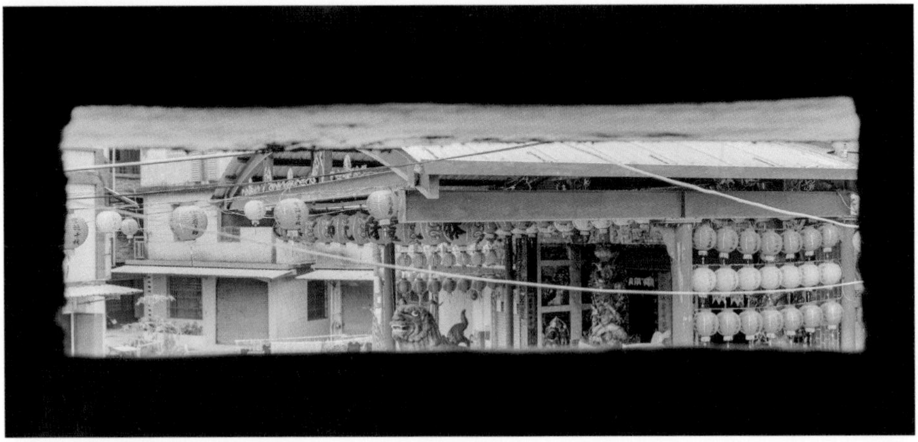

圖 43：射口看出去的現貌之一。

圖 44：防空塔內部，射口下方留有安裝機槍座使用的螺栓。

空入侵高雄飛行場的敵機，以及阻滯敵人傘兵空降長驅直入。槍砲塔共五層，包含地下一層及地上四層，地下一層為儲藏空間及戰備水槽，地上一、二、三層，每一層都開了三個平射的機槍射口，間隔一百二十度角開一個射口，三層的射口交錯，以達到三百六十度全方位的防衛效果；頂層也有露天開口，設有防空機槍座，在敵機和傘兵出現時，可立刻以防空機槍對空射擊。

五層樓高的大型防空塔，以厚實的鋼筋混凝土蓋成，沒有在戰爭期間被美軍的炮火摧毀，也幸運地躲過了戰後的都市計畫、土地轉移，倖存至今。而塔內，更難得的是射口上方保留的遺跡，內部重機槍室的平射射口上方，留有日軍作戰工事的角度及目標位置文字，共計有十三處漢字與片假名混合的文字標記，分布於九處射口之上，可以看出整個槍砲塔主要守備的區域，標記的文字由正北方竹子港聚落逆時鐘為：竹子港部落、橋ノ右端、照空隊兵舍、五分子部落右端、第二トーチカ、前方黑屋根ノ家、第一トーチカ、塩埕ノ赤イ二階家、螺底山ノ中央、二高ノ掩体、第三トーチカ、第一キ銃兵舍、竹子港砲台[8](9)。在戰後「去日本化」的政策下，廟內的碑碣與匾額、公墓裡的墓碑、陸橋的落成紀念碑……，所有註記明治大正昭和的文字，平假名或片假名，日本時代的記憶都被抹除，不容於當權者視線。但射口上方的文字卻意外地被留

8 「部落」為日文用法，即中文「村落」；「照空隊」為夜間戰鬥時，以強力光束追瞄敵機的單位；トーチカ為「特火塔」；第一キ銃兵舍為「岡山第一機銃砲台」。

圖 45：日本海軍高平兩用槍砲塔外觀。

圖 46：日本海軍高平兩用槍砲塔內部，射口上留日文註記望出去的位置，頂端有方位刻度。

圖 47：射口上的日文說明。

圖 48：機槍口做成階梯狀結構，可以增加子彈偏轉角度，使其不易飛進碉堡內部。

圖 49：頂層的防空機槍槍座，鋼筋混凝土基座上的螺栓至今未鏽蝕。

了下來，叮囑著來到這裡的人們，曾經在此守衛著的士兵視線所至之處，不過後到者永遠也無法知道的是，當年的士兵們眼中看出去的是什麼。會是要被防禦的軍事設施，是家鄉的風景，還是想像中戰爭結束的畫面？

防衛設施不一定是火力的對峙，也是看不見的無線電波接收。越過阿公店溪右岸，在大片的田地中，三座半圓筒狀豎立於農田旁的鋼筋混凝土建物，功能是指引著飛行的「短波方位測定所」，類似今日空軍太康臺的導航設施。從美軍在二戰時所繪製的地圖判斷，這幾座建物位於小路旁繞成一圈相連[9](10)，原本應有六座建物，但現僅存三座。戰後不再導引著天上的飛機，三座方位測定所位於田間，各有著不同的命運，有的作為農家倉庫使用，有的爬滿了果樹，漸成地景的一部分。

最後，把腳步離開田畝間，來到彌陀市區。戰爭的記憶並非只環繞於投擲性命的士兵，也包含了平民的。如果說郊外的防空設施是作為反空降、砲火壓制之所，那麼市區內的防空避難設施則是為了平民而存在，供鄰近居民在空襲時能有地方走避。

在今日彌陀圖書館後方的公園內，一座鋼筋混凝土的丸龜形防空壕位於正中心，由起伏的跑道圍繞著，經過妥善的整理，現在是兒童遊戲區的一部分。內部設有水泥桌椅，頂部以陶管貫通的通氣孔仍在，整

9 「太康—戰術導航系統」是海用或陸基的電子導航裝備，它是利用無線電的傳輸特性，可全天候、遠距離的提供飛行器歸向所需方位與距離座標資料的一種無線電導航設備。

| 日本海軍高平兩用槍砲塔，120°14'39 "E, 22°47'39 "N |

圖 50：頂層的防空機槍槍座，透過露天射口直接對空射擊。

| 短波方位測定所，120°15'17.44 "E, 22°47'59.41 "N
120°15'11.59 "E, 22°48'0.69 "N、120°15'11.41 "E, 22°48'8.58 "N |

圖 51：短波方位測定所 1 外觀，120°15'11.41 "E, 22°48'8.58 "N。

圖 52：短波方位測定所 2 外觀，現作為倉庫使用，120°15'17.44 "E, 22°47'59.41 "N。

圖 53：短波方位測定所 3 外觀，鐵門仍存，120°15'11.59 "E, 22°48'0.69 "N。

圖 54：短波方位測定所上方的陶管通氣孔。

圖 55：矗立於田畝間的短波方位測定所。

圖 56：彌陀公園內丸龜形防空壕，現已改為公園休憩設施的一部分。

圖 57：彌陀公園內丸龜形防空壕側面。

個空間應可容納十五到二十人。南臺灣的燠熱氣候下，防空壕裡恆常的蔭涼通風，令人難以想像在戰爭期間，人們在這裡肩並肩地挨著，聽著外頭刺耳的警報和飛機聲，等待敵軍離去。今日圍繞著防空壕嬉戲的孩子，大概不會知道這個造型奇特的東西是什麼吧？它是怎麼會被放在這裡，原本又是做什麼用的？馳騁的想像或許在這個像是外星人降落地點的空間運行，也願這裡永遠都是他們的秘密基地。

五、另一座地下秘密工場

除了一座航校內封閉的地下室大門、小崗山的三個洞庫[10](11)，與位於東港的分工場辦公廳舍[11]，被戰火近乎夷平的航空廠，真的就沒有其他殘跡了嗎？

從這個疑問起頭，研究團隊反覆比對了檔案管理局所藏、關於六十一航空廠的接收檔案，才在一次史料的比對過程中發現，在一九四四年工廠疏開後，日軍所繪製的一系列分廠位置圖中，關於臺北地區的「第六十一海軍航空廠（臺北）要圖」，其圖面上所記載的「龜山隧道工場」，與網路上流傳的「故宮文化資產審議會簡報」中所提及

10 戰後這三個洞庫由國軍接收改為彈藥庫，現雖已閒置不再使用，但尚未解除軍方列管，現仍隱身於小崗山西側山腰中。國軍檔案現存小崗山三座日遺洞庫（彈藥庫）配置圖，以及最北側的三號洞庫平面圖、剖面圖、通信設備等圖面。

11 第六十一航空廠在岡山本廠外，最大規模的支廠位於屏東東港（一九四二年建立），即今日大鵬灣國家風景區內。當時的辦公廳舍與事務所仍存，已被登錄為歷史建築「大鵬營區日治時期軍事設施及建築—本部連」，與岡山本廠一樣，同樣有著地上建物加地下室的構造。

的「位於下山路基下五個相連的防空洞」，或許指向的都是同一個位置。

原來答案並不只在岡山地表。二〇二二年，距岡山大空襲結束後的第七十八個年頭，關於六十一航空廠的曾經存在，總算又拼回了一些。

一九四四年十月的空襲後，工廠以化整為零的方式，將各部門疏開到臺灣各地，持續運作。在岡山總廠的七個部門——飛行機部、發動機部、兵器部、器材部、總務部、會計部、醫務部，除了零星幾個單位留守，其餘分別疏開到了臺北、新竹、新社、員林、臺南，並在各地區再細分為不同工廠與事務所。以臺北地區為例，行政機關「本部」設於芝山巖，倉庫分散於士林（六處）、北投（一處）、草山（兩處）等地，分別存放酸素（氧氣）、瓦斯、兵器等材料，這些材料最後會統一送至「本部」組裝，而在本部也持續遭到轟炸之後，組裝工廠最終搬遷到龜山的隧道工場[12]。

表：海軍第六十一航空廠本部與臺北地區分工場各部門位置。

部門	說明
本部及倉庫	行政機關與倉庫，設於「大學預科」，距離士林駅3公里。
草山倉庫	設於「草山國民學校」，距離士林駅10公里。
酸素工場	氧氣工廠，距離士林駅7公里。

12 此時六十一航空廠已失去組裝製作整架新飛機的能力，僅能進行飛機個別部位的組裝修復。

部門	說明
倉庫	設於「士林東國民學校」，距離士林駅4公里。
南雅倉庫	設於南雅，距離士林駅3公里。
石牌倉庫	設於石牌，距離士林駅3公里。
材料倉庫	設於士林「公會堂」，距離士林駅0.8公里。
器具倉庫	設於「私立臺北中學校」，距離士林駅2公里。
瓦斯充填所	設於「酒保」，距離士林駅1公里。
材料倉庫	設於「圓山國民學校」，距離台北駅4公里。
材料倉庫	設於「宮前國民學校」，距離台北駅2公里。
兵器格納庫	設於「七星國民學校」，距離北投駅0.3公里。
自動車修理工場	汽車修理工廠，距離北投駅2.5公里，位於小山丘東側。
隧道工場	設於龜山，開挖隧道設立的地下工場。

資料來源：國家檔案管理局，國軍檔案「軍事接收總報告第三篇第四章起第九章止」（手寫稿），檔號：B5018230601=0034=002.6=4010.3=2=001=0131。

儘管官方接收檔案提供了這些分工場的概略位置，但今日回訪尚能辨識位置的場所，遺跡大多已不存，僅有部分記述散見於不同的口述歷史、個人傳記、回憶錄中，在這些有限的紀錄中，擔負臺北總廠飛機組裝大任的「龜山隧道工場」，便曾現身於前工員梁啟祥先生的口述記錄中：

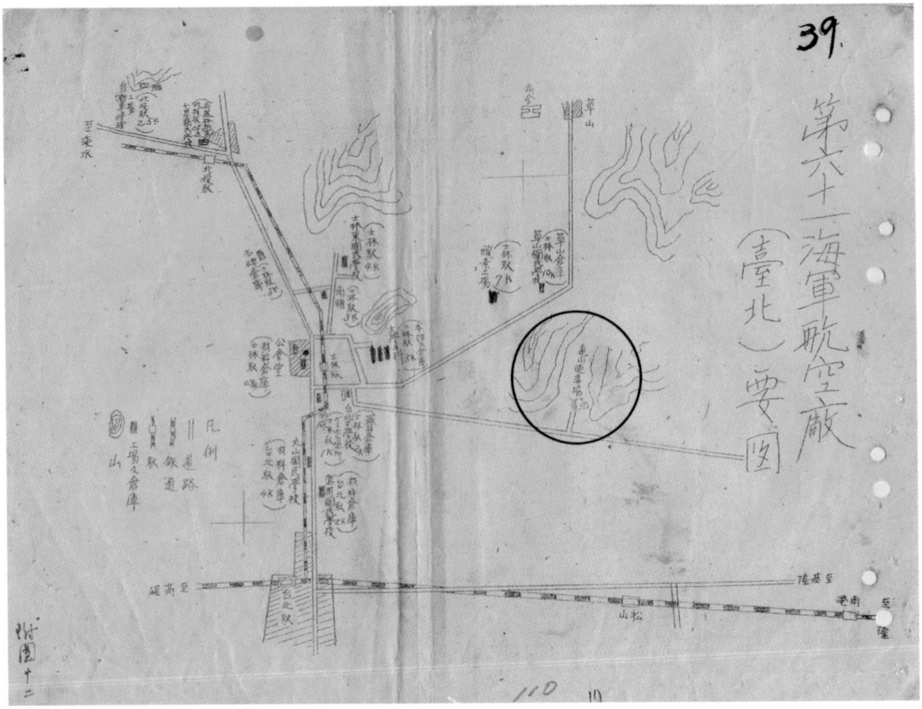

圖 59：第六十一海軍航空廠（臺北）要圖，圈起處即為「龜山隧道工場」。

圖資來源：國家檔案管理局，國軍檔案「軍事接收總報告第三篇第四章起第九章止」（手寫稿），檔號：B5018230601=0034=002.6=4010.3=2=001=0131。

因為美軍轟炸，我們工廠後來也四處疏開，我們工廠還疏開到臺北士林芝山巖底下……後來美軍仍然每天去那裡轟炸，上面的人看芝山巖這裡也不是很妥當，才又疏開去桃園龜山。把龜山的山裡面挖空，機器搬到山洞裡面。搬到龜山的時候臺灣才光復的。(12)

「龜山」之名並不罕見，查閱記載舊地名的《臺灣地名辭書》，桃園、新北、苗栗、新竹縣、澎湖、嘉義、高雄等地都有著以「龜山」為名的地方，其中以桃園最為人熟知，當年口訪將之誤記為「桃園龜山」也是很直覺的聯想[13]。但若將接收報告書中的「第六十一海軍航空廠（臺北）要圖」比對現代地圖，會發現「龜山」應是座落於今日外雙溪的故宮博物院院區旁，在西南邊宿舍區東側的下坡道路下方[14]。

有了「第六十一海軍航空廠（臺北）要圖」與「故宮文化資產審議會簡報」提及的防空洞，這兩條初步線索，我們來到了故宮博物院。

六十一航空廠的地下分靈

位於故宮宿舍區附近的這五座防空洞，過去曾歸屬故宮博物院管轄，現在則由臺北市政府管理，作為戰時的「外雙溪坑道指揮所」。當

13 提供此段口述的梁啟祥先生，當年因受傷之故，並未實際前往「龜山」的工廠，或許才有此誤記。

14 巧合的是，這個位於外雙溪的「龜山」並沒有被記載於《臺灣地名辭書》，而是僅有當地人知曉與使用的小地名。

年的設立來由，是預想在臺海發生戰爭時，當作市府戰時的地下指揮所與辦公室[15]。(13)

陰晴不定的三月天，即便沒有下雨，外雙溪半山的空氣依然潤澤。從主要幹道至善路旁的小路切入，沿著斜坡向上，在一排八連棟的雙層宿舍對面，夾在鵝卵石鋪成的山坡中、被青苔與雜草環繞著的，便是文資審議會簡報裡提到的「五個防空洞」。

偕同進入防空洞的，還有故宮博物院與北市府的管理人員。兒時曾住在附近的故宮同仁表示，小時候都會來這幾個防空洞玩，是小朋友的秘密基地，附近居民也大多知道這些防空洞的存在，但不清楚原本用途；而僅負責維護的市府管理人員，自然也不會知道這個地方的歷史緣由，如同大多數存在於全臺各地的戰爭遺蹟與軍事地景，無聲地存在人們生活的夾縫中。

入內，當市府管理人員「啪」一聲將總電源打開，明晃晃的日光燈瞬間把深邃的空間打亮，映入眼簾的不是一眼見底的長型洞穴，而是有著多條通道左右貫穿的大型空間。實際上走過一圈，會發現是由四個入口銜接寬度最寬的主隧道，這些主隧道之間再以一條橫向的連通道相連，這樣的形制，便是地下隧道工場的特徵。不僅近似於日本東京都八王子市的「中島飛行機淺川工場第一軍需工廠第十一製造廠」地下秘密

15 何以故宮博物院管理的土地（國有）上的施設，卻有四座防空洞的管理者變成是臺北市政府？這與一段土地交換的歷程有關。戰後，屬於軍事設施的「龜山隧道工場」由省政府接收，先是作為當時臺灣省政府各機構的防空洞群，一九六六年，臺中霧峰北溝的故宮博物院遷移至外雙溪，隔年（一九七七）與省府辦理一筆土地交換，互換的內容是故宮博物院位在北溝的房屋，與省府位在外雙溪的房舍及防空洞土地，於是防空洞群的管理單位便轉移為故宮博物院，其後防空洞群主體又被臺北市政府長期借用作為戰時的「外雙溪坑道指揮所」。在本書出版（二〇二二年十一月）時，坑道指揮所又再移轉回歸故宮博物院管理。

圖 60：位於故宮宿舍區對面的山丘裡。

工場，半屏山內的「海軍第六燃料廠隧道工場」，也都有著類似的空間。

隧道工場的運作方式，是各部件在不同隧道（部門）中組裝，最後分別從各隧道的洞口運送出來，而部門與部門之間的聯繫，則靠連通道。龜山隧道工場四條拱型的主隧道，寬約三公尺、高約二點七五公尺，從空間大小來看，僅能做飛機個別部件的組裝修復；入口引道上方有兩個較小的通氣口，是作為機械設備對外的通風換氣管道；並在最深的隧道末端，設計了一條作為緊急逃生通道的涵管豎坑（直徑一公尺，但長達三十五公尺，可從涵管向上爬行出去[16]）。這些現存遺跡都指向了此處作為隧道工場的前世。

史料定位了「龜山隧道工場」的所在地，空間形制成為隧道工場的直接證明，尋尋覓覓的六十一航空廠，終於在本島北端的半山中現身。

延時的戰爭氛圍

但有別於半屏山內廢棄多時，蚊蟲橫生、沙塵瀰漫的「六燃廠隧道工場」，龜山隧道工場因作為戰時「坑道指揮所」的使用狀態，而呈現著詭譎的氛圍。

從洞口走入，陰涼潮濕的空氣迎接，這個隧道工場是有著拱頂配筋

16 尺寸出自臺北市政府提供的「外雙溪坑道指揮所」圖面。

灌漿、甚至漆了白色水泥漆的舒適空間，水泥地面上僅有累積的沙塵，沒有太多的石塊或廢棄物。除了頂端架設有日光燈，沿路都有草綠色的辦公桌椅，走沒幾步路便是一張，財產標籤寫著民國八十六年購置，顯示這批桌椅已在這裡超過二十五個年頭。挨著桌椅旁的牆面，掛著「地政處」、「文化局」、「教育局」、「警察局」等牌子，北市府下轄的各個局處都在地下隧道有一個位置，在遇到戰爭或其他緊急情況，市府會在這裡維持基本運作。

承平時期蒙上塵埃的這些桌椅、被複製的局處位置，與保留作會議室、洗手間的空間，靜默地在綿長的通道上，同一個空間，七十多年前放的是航空廠的機具，迴盪的是金屬敲擊、機械組裝的聲音。從隧道的誕生到今日的使用，戰爭從來沒有遠去。

意外的三條隧道

但在確認龜山隧道工場現今仍存在外雙溪後，還有一項未解的謎團，那便是「第六十一海軍航空廠（臺北）要圖」中，所標示的隧道數量。地圖檔案繪製的線條即便扭曲，仍可依稀辨識出工廠應有七條主隧道，與今日北市府維護管理的四條主隧道數量不符。

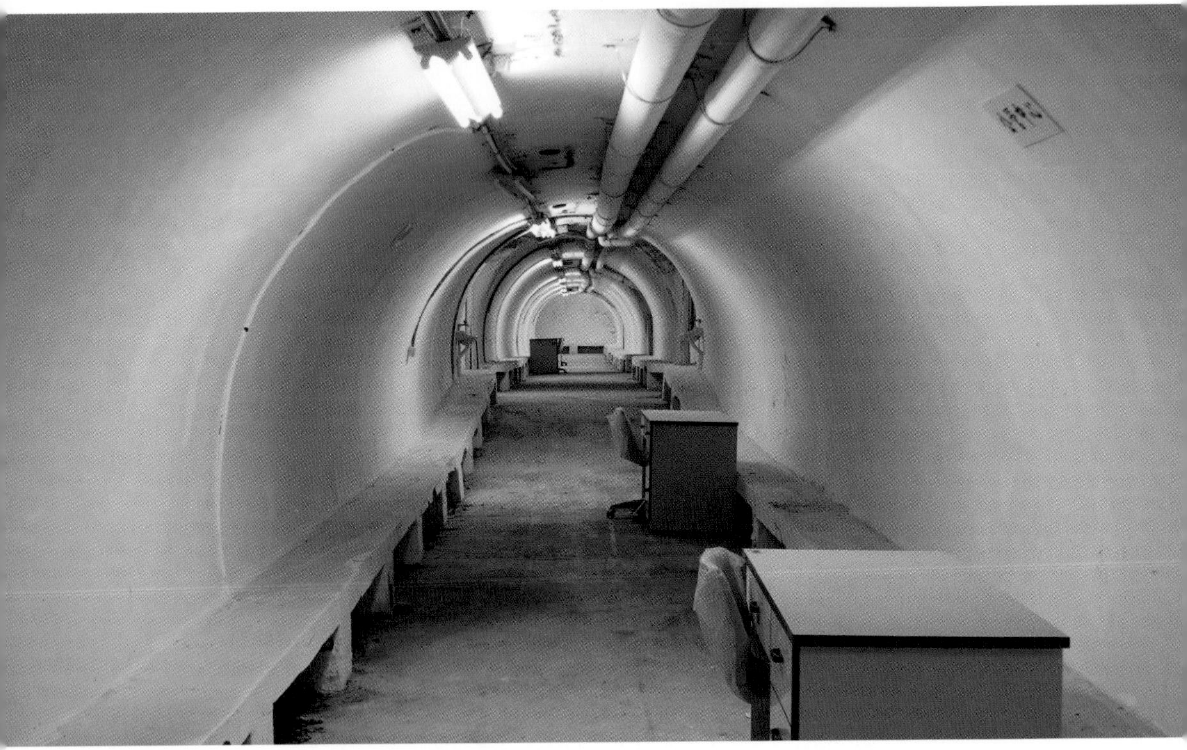

圖 62：隧道內的坑道指揮所。

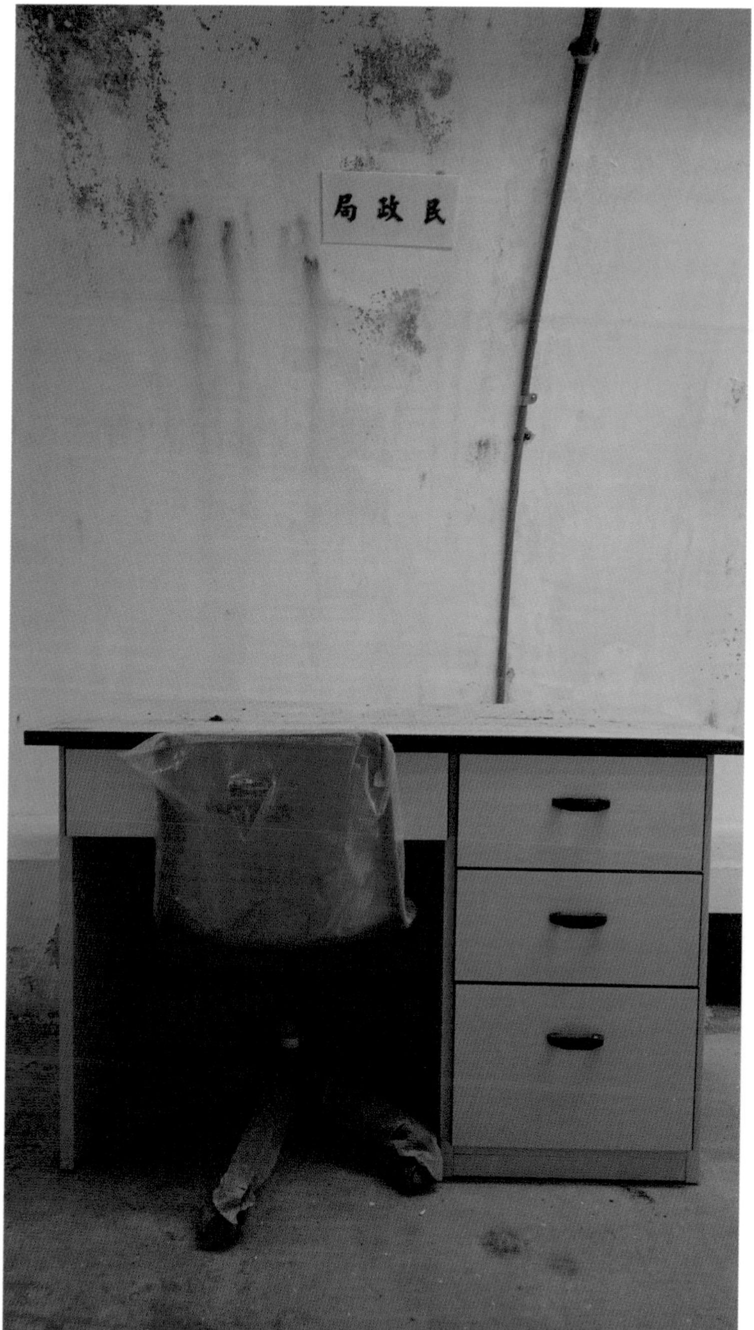

圖 63：局處名銜牌。

圖 64：指揮中心牌。

圖 65：會議室。

在徵得故宮博物院與北市府的同意下，我們從深埋於雜草叢中的一處荒廢入口進入隧道，這條隧道也是「故宮文化資產審議會簡報」中提及的第五個防空洞以南，由研究團隊首度發現的第六個防空洞入口。相較於北側四條隧道的乾淨明亮，這條隧道如同廢墟，先穿越地上的床墊與廢棄物，小心翼翼繞過頭頂鏽蝕掉落的風管，寬闊的隧道空間出現在眼前。

在把所有通道走過一輪後，確認這一區有三條主隧道與一條橫向連通道的規模，經手持式雷射測距儀簡單測量，拱型的主隧道寬約二點六至二點九公尺、高約二點九公尺，尺度比另一側的隧道略小一些，可能是當初配合山坡的高程挖掘，使得各隧道的尺寸皆有大小不等的誤差。但可以確定的是，龜山隧道工場確實是如檔案中所示，有著七條主隧道規模的地下工廠。

八十年是一段多長的時間？長到大多數的地景變貌，記憶流失，人老去凋零。時間之外，戰後當權者的強制遺忘，也讓記憶打撈工程增添了難度，所幸空間抵禦了時間，因著空襲疏開，六十一航空廠在外雙溪龜山建造了隧道工場，又在戰後另作使用，而被保留了下來，讓我們窺見了日本時代臺灣規模最大航空工廠的殘影。但能保留下來，或許不只巧合，冥冥之中也有著工員靈魂們的使力吧，那麼生命被六十一航空廠

圖 66：南側閒置許久的三條隧道之一。

烙下印痕的工員們，會希望這段過去被怎麼認識呢？

「另一座地下秘密工場」能被發現，來自國家對於文化資產的登錄，而獲得經費進行調查研究和書寫，在場所成為文化資產後，大多數時候被記憶的是它的建築形式或者榮光過去，並且是單點式地看見。但在回訪六十一航空廠的這段過去，無論是口述、檔案或是現地空間，所拉扯出的過程——那些情感、苦難、社會結構、國家規訓等，更多時候呈現的往往是「文化資產」光榮印象的另一面，卻也是這些身在其中的人們——當年的工員、眷屬、居民所親身經歷的。從高雄岡山的工員宿舍、一片航空廠的遺址，到臺北外雙溪的地下秘密工場，或許跨越單點式的空間，也跨越正向式的理解，才能稍微把一世代失落的記憶拾回，並且讓空間真正地抵禦了時間。

尾章

不散的記憶

與飛行交纏的人生：一位航空廠工員的故事

昭和十四年（一九三九）年，岡山街。

正中午，代天府前的空地還是一如往常，做生意的、樹下乘涼聊天的、圍著點心擔吃東西的，幾個長輩站在窄小的前殿，聚在一起七嘴八舌地討論著什麼，「啥！欲搬？」其中一個長輩突然抬高音量，引得所有人紛紛轉頭朝廟前方看了一眼，那個長輩環顧了四周，幾個人又回復到原本的討論音量，只是聲音比剛才又略大了一些，路過的黃明得正好瞧見這一幕。他悠哉地踢著石頭要回家，走著走著，身後又隱約傳來了「航空廠」、「海軍」等字眼。

空中，一架飛機正呼嘯而過，他習慣性抬起頭，是萬里無雲的好天氣呢，天上唯有太陽與飛機。

徵收

這一年，黃明得十二歲，就讀岡山公學校的六年級。回到家，抄捷徑從右廂房的後門直接來到廚房，飯桌上已經擺好了午飯，還冒著細煙，桌邊卻不見一個人影。他循著厝內傳來的說話聲，來到放置祖先牌位的正廳，母親、阿公和阿舅都在，阿舅手上拿著一份文件，幾個大人臉色凝重地在說話，中途旁聽討論的黃明得，一開始還摸不清楚是什麼狀況，從大人們的對話中東拼西湊，才知道「家要被徵收了」。

從正廳望出去，天空和剛才廟前看到一樣藍，他腦袋卻嗡嗡作響，不能想像之後全家人會何去何從，那是自從他二年級父親過世之後，再一次感受到如此無助。

後來他才知道，其實不只他們家，左右鄰居，還有附近的代天府都在徵收範圍內。黃明得的家是占地廣闊的四合院，門廳甚至比廟門還要高，這是因為祖先在收糖租的緣故，算是大戶人家。他也聽老人家說過，他們這個庄頭是從鄭成功來臺時逐漸發展起來的，有個當時留下的古名「後協」，算起來也有好幾百年歷史，怎麼能說搬就搬呢？但這樣子的想法只能放在心裡。兩年前，也就是昭和十二年吧，總督府開始陸續推「國語家庭」、「寺廟整理運動」，希望大家說國語、住內地式房子，甚至改信日本神道，使得代天府的王爺公差點在這一波寺廟整理時被一起「升天」，好在有幾個長輩捨命把池王爺和其他神像從廟中帶走，藏在家中米缸和漁塭、工寮等地方，王爺公才免於被燒毀的命運，而這些，都是大家心知肚明但從不明講的秘密。如今，日本人要徵收這塊土地，又哪需要老百姓同意。套句阿舅說的話，「他（日本人）畫了圖就拆，他拆會補（償）你，不過，補你的錢比較便宜。」

黃明得的家和其他被徵收的人家，在政府的安排下，搬到了附近整理好的土地，為了不忘和祖先土地的連結，他們稱這個新的地方為「新後協」。而被徵收的土地拿去做什麼用呢，聽大人說，是要蓋海軍的航空廠。

建廠

搬過去「新後協」的幾個月後，黃明得從公學校畢業，只在糖廠的收穫期做過囝仔工，還未找工作。一日，路過祖厝土地，看到航空廠已經在大興土木，打聽之下，去做航空廠的建築工人，一天可以賺九角，差不多是一斗米[1]的價錢，當下他就決定報名了。

當建築工人，主要是做粗工，擔石子和沙子。在整地階段，有牛車隊負責把基地內的石頭載出去，晚上再到半屏山載水泥，隔天早上就把水泥載進基地建設，每日工程都從早忙到晚。參與工程的工人，許多都是臺灣人，而承包商不只有日本人的住吉組、三菱重工、中島飛行機株式會社……，還有臺灣人開的協志商會、光智商會。工程之浩大，不僅讓黃明得這個囝仔工大開眼界，甚至連阿舅都表示，打從出生給日本人

1 在高雄地區，一斗米為十一點五臺斤，相當於六點九公斤。

統治以來，從沒見過這樣大的規模。值得一提的是，工廠內不僅蓋廠房，整個廠區都還有做地下室，地下室的建設範圍包含了全工廠的建築，蓋得非常深，黃明得好幾次都暗自想著，要是哪天炸彈丟下來，這地下室大概也不會壞。工程是蓋好了地下室後才蓋地上的建築，廠房車間，一棟棟建築陸續蓋起，大大小小算起來共有四十二棟。

整個建廠的工程大概持續了兩年，昭和十六年（一九四一）十月二十五日，工廠正式開廠營運，稱作「海軍第六十一航空廠」。而之所以稱作「六十一」，聽說是因為在日本內地還有許多航空廠，那些工廠的番號是從十一到五十一，接在後面的自然就是六十一了，而岡山這座，則是臺灣第一個海軍航空廠。想到這裡，黃明得竟不自覺地升起一種驕傲感，儘管工廠是徵收祖厝土地而來，但他可是參與了這樣了不起的工程呢。

進入海軍第六十一航空廠工作

航空廠建成後一年，黃明得正好滿十五歲，已經符合擔任工員的最低年齡，他也沒多想，自然就參加工員的入廠考試了。畢竟公學校畢業，也不打算繼續升學的話，只有出來工作一途，而在戰爭時期，要找個工作是很困難的，而軍隊待遇好又穩定，航空廠的海軍工員薪水加上加班費，算起來一個月比公教人員薪水高上二、三十圓不等，可以說是最佳選擇。不只黃明得，許多臺灣人也都抱持著同樣的想法，也因此在入廠工作後，他觀察到整個廠區的工員大多數是臺灣青年，不過和他一樣都擔任最低階的二等工員[2](1)，技手以上的幹部階級不用說，絕對是日本人。

考入航空廠，要先在東港經過一個月嚴格的職前訓練，才能正式工作。訓練的內容，包含了專業技術、思想訓練、體能訓練三大部分，還有軍隊操練的踢正步、射擊。由於是海軍工員的緣故，無論將來是分配到哪個部門，每個人都要學會「打鉚釘」——這是為飛機蒙皮固定的技術，步驟是一手持撼仔（hám-á，鐵鎚），一手持鏨仔（tsām-á，鑿子），撼仔要打中鏨仔，將鐵板鑿穿。剛開始每個人都會打到自己的手，打到都會怕，要練上整整一個月，閉著眼也能打中才行。

職前訓練結束後，黃明得選擇進入兵器部，原因無他，兵器部負責修理兵器的儀表，這門工夫學會了，可以應用到各種器械上，日後出來要做點小生意，有很多的本事。兵器部負責的項目，包含飛行錶、無線電、收音機、機關槍、炸彈的投擲機等，這些具儀表板、自動操作的設備，都是輔助飛行員用的。不過黃明得並不直接參與修理方面的工作，

2 當時技術人員的位階從小至大依序為：二等工員↓一等工員（伍長）↓職手（班長）↓工手（組長）↓工長（作業長）↓技手↓技師。

而是擔任行政人員，負責調配這些兵器的修理流程。當壞掉的兵器送來後，他要先調查兵器是否還可以修理或者需要報廢，可以修理就蓋章並送入工廠施工；若是不太好修理的兵器，則加註說明，讓兵器先擱置，後續再考慮處理；但狀態更差的，就蓋印「不調[3]」，代表無法修理之意。這些無法修理的兵器，會被送去附近的倉庫。

黃明得每日管理著兵器的進進出出，但這只是這個大工廠一小部分的運作而已。除了兵器部外，還有飛行機部、補給部、發動機部、總務部、醫務部、會計部，一共七個部門。有人負責車床，車一些武器零件，像是手榴彈的信管、機關槍的槍管；飛行機部還有女性雇員，負責設計繪圖的工作。

儘管工作辛苦，但和其他同僚相比，黃明得「在地人」的身份還是為他帶來了一些好處。由於就住在航空廠附近，只要走路去上班就好，其他遠從外地來工作的人，有的住在郊區的宿舍，必須步行四十五分鐘才能上班，凌晨五點多就要起床準備；要不就是要搭火車到岡山站，再走三十分鐘到航空廠上班，每日早晨七點，火車站都有黑壓壓的上班人潮往工廠方向走來。進入工廠後，先到「報到室」把木牌上有姓名的那一面翻過來，作為上班依據，接著做「朝禮」——先向東做「忠誠永拜」（遙拜天皇），才開始各部門一天的工作。一天中會有一個小時的吃飯

3 不調（ふちょう），代表「不批准」、「不許可」之意。

時間，和兩次十分鐘的休息，一般來說下班時間都是傍晚五點，但若碰到要趕著組裝或修理飛機的時期，往往忙到晚上七點多，等於一天要工作十二小時。

這種緊湊高壓的日子裡，沒有太多胡思亂想的時刻，黃明得並不是一個特別有「愛國」意識的人，在他就讀公學校期間，戰事還沒那麼白熱化，所以不像小他幾歲的鄰居小孩，上課時老師會教育學生們要打倒「鬼畜米英」[4]、分享戰爭相關的時事，激起學生的愛國情操。對他來說，加入海軍工員，只是為了有足夠薪水，讓自己和家人有溫飽的飯可以吃而已，他甘願為此過著這種生活。但偶爾還是有難以忍受的時候，像是海軍工廠司空見慣的「戒心棒」懲罰：只要有一個人事情沒做對，又無人承認的話，整隊都會被木頭做的戒心棒打，被打的時候，手扶著牆、屁股翹起來，那痛楚會延續一整個禮拜，幾乎到不能坐下的程度。廠內幾乎每個工員都被打過，由於是連坐制度，無論你多努力，都逃不了被打的命運，而這一切，都被當作「精神訓練」之一。每當黃明得面對著牆，等待棒子落下的那一刻，他都在想這種日子到底何時會結束？

4　「米」即美國。

戰爭開始

後來黃明得才知道，戰爭的開始，是在生活觸碰不到的地方爆發，影響力會像海浪一樣從遠方一波波慢慢地傳遞過來，而戰爭的結束也是。

海軍第六十一航空廠開廠後兩個月，太平洋戰爭爆發了。那是昭和十六年（一九四一）的事，戰爭的訊息先是透過每日午餐時的收音機放送，接著也在報紙上出現。十二月九日，黃明得在《高雄新報》的頭版看到了天皇署名的「宣戰詔書」，宣戰的對象是米國和英國。天皇用的文字生澀難懂，只能大略知道戰爭要開打了，他也在其他篇的報導中看到，日本的海軍已經擊沈了米國的兩艘戰艦，並讓四艘戰艦和四艘大型巡洋艦大破，又成功空襲關島等戰果。幾天後，從其他工員的口中得知，比他看到的報導更早一天，《臺灣日日新報》就出了一期號外，以斗大的標題寫著「帝國在西太平洋和米英進入戰鬥狀態」，是由大本營陸海軍部所發出的消息。在報導的旁邊，用了近三分之一的篇幅刊登了一張空襲照片——轟炸後的煙霧包圍了整個建築物。

無論是夏威夷的真珠灣[5]或者是關島，戰事發生之處都是在遙遠的太平洋上，距離臺灣有著幾千海浬的地方，儘管大部分的臺灣人對於這

5 即珍珠港。

些島嶼並沒有太多認識，但轟炸的餘波正在朝著西方襲來。為了因應後續接二連三戰鬥的飛機需求，航空廠也進入了密集的工作狀態，以最大的產能修理和組裝飛機來支援前線。隔年（一九四三），航空廠又成立了「工員養成所」，擴大招募十五至二十五歲、國民學校畢業的男女青年，在工員養成所接受基本的技術培訓後，就可以進廠工作，從每日參加「朝禮」的人數來看，黃明得猜測，這時整個航空廠的工員人數應該已經來到上萬人了吧。

作為兵器部負責管理部件修繕的行政人員，黃明得對於航空廠經手過的機型如數家珍，這些飛機包含了被暱稱為「紅蜻蜓」的「九三式中間練習機」、「九六式艦上戰鬥機」、「月光夜間戰鬥機」、「銀河轟炸機」、「彩雲偵察機」、「九七式艦上攻擊機」，當然還有名聲響亮的「零式艦上戰鬥機」。視損壞情形而定，航空廠每個月大約可以修理三十至六十架左右的飛機。隨著戰事需求，航空廠也和民間工廠、總督府研究單位、臺北帝國大學等單位合作，在飛行機部主任田中的帶領下，將各個部門的工作流程重新配置，當工員技術隨著累積的修理經驗提升，到了昭和十九年（一九四四）的四月，航空廠還成功製造了第一架飛機——海軍航空隊培訓飛行員時主要使用的教練機「九三式中間練習機」，這也是臺灣第一架由工廠製造生產的飛機。黃明得記得為了慶賀這個里程碑，航空廠舉行了自製飛機的「進空式」，同時進行三機「編隊飛行」作為慶賀儀式。

遭受空襲

一邊努力修造飛機，一邊從各個管道接收傳來的戰地情報，每週發放的戰報〈輝く日の丸〉不用說都是好消息，報紙標題也都是「敵機擊退」、「敵船擊沈」、「英軍殲滅」等消息，但有時候黃明得也會心生一絲懷疑——戰事是否真如報紙所稱的那麼順利？在航空廠製造出第一架飛機的前幾個月，他親自送了兩個同僚入營，當時大家都穿著工廠的卡其制服，直挺挺地、面無表情地看著鏡頭，留下與同僚的最後一張合影，他還記得那天是舊曆的正月十三，天氣還很寒冷，還不到元宵節，也就是舊年尚未過完，就要出征了。除了徵兵人數越來越多，航空廠的修理工作也不曾停歇，甚至越來越繁重。有同僚被調派到海南島的分廠，要去支援修理工作，乘的船卻在海上就被擊沈，那時的航路幾乎沒有一個人可活下來。而留在廠內的人，則有著組裝不完的飛機、生產不完的零組件，要供給容易損壞的起落架、螺旋槳、主翼、翼小骨等替換用。

昭和十九年（一九四四）十月十二日，臺灣本土終於迎來了三年前太平洋上轟炸的餘波。其實早在那一年年初，為了預防敵軍空襲，航空廠就已經陸續把部分生產線移至小崗山的洞庫內，但黃明得並沒有跟著過去，而是留在工廠本部，也因此目睹了這場畢生難忘的轟炸。

當米軍巨大的鐵鳥第一次出現岡山上空時，那時候發動機部正在組裝「九三式中間練習機」。轟炸一共持續了好幾日，敵機天天都來，讓工廠運作近乎停擺，只要空襲警報一發出，黃明得與同僚就躲到防空壕或地下室，人身安全算是無虞。聽著外頭炮聲隆隆，待米軍機隊離去後，廠區的建築已經是半毀。歷經連日對戰的耗損，日軍能動用的飛機已經是越來越少，為了防禦，日本人在航空廠最高的廳舍部署機關槍部隊，以十三毫米到二十二毫米的機關槍和超過二十二毫米的機關砲，回擊米軍戰鬥機，做最後的反擊。但到了轟炸的第五日，號稱「超級堡壘」的B-29攜著滿滿炸彈再度到來，這一次落下的彈藥，讓整個廠區的建物，只剩不到十棟還看得出原貌，其餘則炸得全毀或半毀，眼前景象讓黃明得恍如隔世，難以想像廠區在幾年前他參與建造工程時的風光。但，最令他無法忘懷的，倒還不是燃燒過後的地表，而是地面下斷魂的同僚們。十月十六日這波的轟炸，炸斷了工廠的大水管，導致急水灌入地下室，當時有百來位的工員還在地下室！唯一的逃生門已經被炸得扭曲，走避不及的同僚們，就這樣硬生生被淹死在地下室。轟炸結束後，他們在一片廢墟中，花了整整十四天，才成功破壞入口的逃生門。黃明得還記得後來去搜救時看到的畫面、聞到的氣味，接近一百個人，斷頭斷手斷腳，他在心中告訴自己，「那是我們的戰友啊，不能怕臭。」

這一次嚴重的轟炸後，「疏開」的命令透過廠長、各部部長傳了下來。美其名為「疏開」，實則是「不用來上班了、逃到各地吧」，長官還說，他們會載著飯包、飯丸到處去繞，如果看到衣領上有別著海軍徽章的工員，就會把飯丸給你。黃明得和其他兵器部的同僚，集體疏開到了小崗山上，其他部門則分別疏散到大崗山、關廟等地方。躲避戰爭的日子也沒多少工作可做，每當有米國和日本軍機作戰時，他們就爬到樹上去看飛行機交戰，看誰輸誰贏，結果都是有著赤色太陽的日本飛機掉下來。

昭和二十年（一九四五）八月十五日，黃明得和六十四位兵器部同僚待在二次疏開地點的北投，當他在山上挖山洞時，其他人在用收音機聽天皇放送，沙啞的機器傳來不容易聽懂的漢文訓讀體，黃明得也不以為意，繼續手邊的挖掘，直到放送結束，同僚走過來說：「不用挖了，戰爭結束了。」那一刻，他簡直不敢置信，日本打仗會輸？不是說「日本精神、大和魂，相刣（sio-thâi，廝殺）絕對袂輸」？

他望著旁邊那一堆，每一支的尾端都削得尖尖的竹槍，絕望地說不出話來。那是之前日本人長官分的，一人一支做竹槍，說美國兵若是來，要用這竹槍和他拼。

戰後復原

終戰之後，黃明得向軍隊辭職，回到岡山的家。日本戰敗、航空廠被炸、家裡也被夷為平地，和戰爭時逃到田寮的母親、阿哥小妹團圓後，一家人租了一間房子暫住。但要吃、要住的花費都是沈重的負擔，一時之間沒工作可做的他，回到了已成廢墟的航空廠當清理工人，那時航空廠已由中華民國空軍接收，他就幫忙整地、清理廢棄物，不然戰後景況這麼蕭條，該怎麼討生活呢？一日在工作時，身後有人用日語向他搭話：「你生活好嗎？」

「不好，要做工。」黃明得回答。

「好，你以後要做工，我們通信學校的工作很多，我就叫你做。」那人就是方朝俊，空軍通信學校的校長。

方校長懂一點日本話，說起話來和黃明得很投機，重點是信守承諾，給了他不少的工程做，而且從不收紅包。憑藉著過去幫忙蓋海軍第六十一航空廠時的經驗，加上在地的人脈，在那個接工程不用請牌照、只要用名字就可以承包的時代，黃明得在這片熟悉不過的土地上，依序做了通校的游泳池、正氣樓、明教樓……大概花了十年的時間做學校復原的工程。但接工程的前幾年，也同時也是戰後通貨膨脹最嚴重的年代，一斗米今天一百塊，明天兩百塊，後天四百塊，承包的工錢跟不上物價的飛漲，很多承包商都撐不下去，所幸方校長讓他拆學校校地內的廢鐵、廢電纜去賣，這些都是航空廠時期留下的設施，賣的錢不僅讓黃明得不再蝕本，甚至還有盈餘。後來方校長轉任空軍官校的校長，他也跟著去做官校的工程，官校的大門、飛機倉庫、馬路，甚至連蔣總統在官校的住處都是他包下的。可以說，方校長「牽成」了他後半的人生吧。

幾年前，黃明得在鄉親的簇擁之下，以代表之姿，向政府爭取拿回屬於他們的土地。這是因為當年被迫遷到「新後協」時，日本人並沒有給他們居住地的權證，土地反而是登記在當時的「農事施行組合」之下，三百多戶的庄民們過了幾十年沒有土地所有權的生活，沒有辦法蓋房子和買賣，即便改朝換代為中華民國政府，也依然如此。所幸最後爭取成功，所有權終於在幾十年後回到庄民手上。但也不僅是財產的復歸而已，對黃明得來說，拿回土地的那一刻，更像是一個無形的見證，見證了人生終於拿回自主權——從祖厝被迫遷、為了生計挨上戒心棒、工廠的日夜工作、在「大東亞共榮圈」幻夢下而承受著生命危險……。戰後，他跟著航空廠一同「復原」，是半生的辛勤勞動，才爭取到了今天的雲淡風輕。因著飛行而起，也跟著飛行安頓，這一生在航空廠這塊偌大的土地上，黃明得來回行走，流下的汗水滲入地表，凝結為土地的一部分。

後記

每次到臺南七股找黃明得先生，總要經過很長很長的一段路。沿著曾文溪的堤防直直地向西，穿越一塊塊金光灼眼的塭仔，終點是一處輸入地址也無法被 google 導航到的所在——這個被黃先生戲稱為「寮仔」的地方，是他晚年的住所之一。一九二六年生，今年已九十六歲，一身 polo 衫繫皮帶，精神矍鑠地從屋裡走出來，穿過地上的水灘，在炙烈的日頭下，向我們揮手。

總是直挺挺地，說話前先在眉宇間思索，然後才慎重地開口，那是活過日本時代的那一輩人常見特徵。在十多年前的初次訪談後，這幾年因著六十一廠工員宿舍的「發現」與本書的撰寫，再次聯絡上髮鬢已染白的黃先生，從一次次的對話裡，淘洗出時間殘存的種種。在記憶的裂縫與靈光之間，航空廠的畫面會突然浮現，「**入廠前要先進報到室，有一整面掛滿姓名牌的牆，翻過來就是上班，下班再翻回來**」；有時候是一張老照片，讓九十幾歲的身軀倏地站起，一手在上一手在下重現訓練的動作，彷彿還握著當年的撼仔和鏨仔；偶爾，時空會穿越回童年，想起上學前那只媽媽遞給他、包得好好的便當盒，裡面是空的，沒有飯菜。許多臺灣人便是在那樣的生活處境下，加入了航空廠。

這是一個太晚才開始的研究，終戰後七十多年過去，人們記得的是天上昂揚的飛行員，日本時代留下的飛行員宿舍，也陸續被指定為古蹟、登錄為歷史建築，神風特攻隊櫻花般殞落的事蹟流傳全臺各地。但人們卻不記得地表上在工廠的轟鳴聲中作業的工員，也很少知道臺灣曾經修造過飛機。一九四〇年代，許許多多的臺灣人走進六十一航空廠，有的進去了就沒有再出來，生命被定格成永恆的少年，其餘倖存者，則帶著這一段經歷度過遲暮，在無人探問下走向生命的終結。

過去臺灣觸及六十一航空廠的研究，應屬鍾堅教授於一九九六年出版的《臺灣航空決戰》為起頭，爾後，陸續有學者從不同面向各自深入（請見參考書目），本書便是奠基在這些前行研究者的成果之上。但和過去研究有所不同的是，這次是第一次以六十一航空廠為主體，面向大眾的書寫計劃。

在本書的研究過程中，兩位研究者林玉萍、陳信安分別從日本與臺灣的檔案管理機構查找史料文獻，在有限的時間裡，盡可能地填補了空白。這些記載著建物數量、幹部名錄、維修飛機型號、分工場位置的檔案，為航空廠建立了認識的骨幹，但此地發生過的種種，那些至關血與肉的記憶，還是得由曾經在場的工員們來說。除了黃先生，我們也從各式回憶錄、口述訪談、論文、報導中，拾起工員們留下的線索，那是梁啟祥、巫乾龍、曾紀恩、曾金海、蕭啟堂、王文清、吳鬧卻、呂土城先生，在不同時間點、不同場合留下了六十一航空廠的見證。也由衷感謝所有的紀錄者。

儘管記憶容易隨時間變貌、跟著敘事者的處境衍化，個人的記憶更無法概括全體，但透過記憶殘片，我們才得以窺見檔案中看不見的六十一航空廠——工員們是出於何種動機而來到此、所接受的訓練內容、怎麼度過工廠的一日、國家如何形塑思想……我們謹慎地面對這些記憶，看見這些細瑣的日常，是交織於什麼樣的社會結構中，當中又有著什麼樣的複雜情感，試圖貼近被遺忘的歷史現場一些些，讓被捕捉下來的吉光片羽，有機會成為後續研究的一個小小起頭。

作為一本因著文化資產體制而誕生的出版計劃，這本書的另一個努力，是希望從文化資產本體的單點式書寫出發，拓延至它所在的土地、相連的遠方，乃至於對於歷史事實的再認識，以及在當代的無形影響。這樣的書寫，是一個未曾碰觸過日本時代、未曾經歷戰後動盪遷徙，解嚴後才出生的書寫者，對於「文化資產」所拋擲出自我提問。面對這些早於身處年代太多的過去事物（大多是建築），如何在當代認定它們的「價值」？該如何思考眼前文資與自身的關係？而這兩個提問，化作更白話的問法會是——認識／不認識六十一航空廠，究竟與我（和讀者）何干呢？

這本書的寫作也是一段探詢答案的過程。航空軍事戰略與地理位置，使得高雄成為工業城市，岡山是在這樣的背景下起建了航空廠，曾經繁盛。但也因著航空廠的重要性，連帶使得岡山成為美軍空襲目標，承接砲火的時間，早於臺北、臺南等大城市。所幸戰火並沒有帶走一切，日本時代遺留下的資材建設，使得岡山在戰後再度被選作飛行基地，於是有了空軍官校、通校、機校，空軍機場與三指部。空軍的移民們來到異鄉，為了生計而攜來的醬料，又意外與本地物產和口味雜揉，豆瓣醬成為飲食文化的不可或缺。

這一切今人所認識的岡山、對於歷史事實的理所當然，都與六十一航空廠有關。在轟炸中被夷平，航空廠曾經被遺忘了幾十年的時間，所幸這段歷史與記憶，最終在倖存的工員宿舍中交會。

透過本書重新量測自身與文資的距離，是對於上述提問的階段性嘗試。最後要特別謝謝黃明得先生，不僅提供了珍貴的見證，也將他猶如岡山史縮影的人生交付予我們，以非虛構寫作的方式，成為一篇故事。

邱睦容

與日本海軍第六十一空廠相遇

約莫是一九九九年二月底的某個星期日下午，空軍航空技術學院介壽校區與空軍後勤第三指揮部相連的白色圍牆外，各有一面中華民國國旗及日本國旗並掛在路樹之間，春雨料峭的午後，介壽西路上沒有什麼來往車輛，天色顯得那麼靜默且灰濛濛，二面國旗旁一小群男女正安靜地隨法師在簡單的香案前進行祭拜儀式，香案上立著一長形木牌，木牌上有用毛筆寫著日本地名的漢字，木牌前又放著水酒與鮮花，儀式進行間有一種刻意被保持的低調，原來，這些來自日本九州佐賀縣的日籍人士，是到此地祭拜二戰末期為日本國捐軀的先人們。親眼目睹這安靜卻陌生的場景，再想起鍾堅教授一九九六年出版的《台灣航空決戰》（台北：麥田），才牽起了與六十一空廠的相遇及往後二十餘年的心繫。

又或許也是歷史的命定，一九四一年十月至一九四五年八月期間運作的六十一空廠是太平洋戰爭時期臺灣航空技術人員的養成重地，而今坐落現址上的空軍航空技術學院於一九九六年時由空軍通信電子學校與空軍機械學校兩校合併而成，與隔壁的空軍第三指揮部同是我國防部基礎航空地勤人才的養成單位，而一九八〇年代以前，臺灣軍／民航空專業人才幾乎皆從軍方所出，所以吾人似乎看見這一條臺灣航空工業史中連綿不斷的線從初始到成長一直在小岡山下擺動。一座軍校的歷史可以是一九四九年遷臺的其他軍隊的側影，就航技學院而言它更與臺灣日治末期的軍事史深深連結，校園裡的許多角落七十七年來留下許多可為後人記憶的軌跡，包括現存兩棟較完整的日治建築、隨處可見的龜形或半圓形防空壕、劍形水刀型式的大水溝、和不同時期校方因整建而陸續封閉的的地下室與地下通道等，更展現這所學校歷史如同人的生命有初始、成長、流離與重生，而後者在高雄市的岡山發生。

岡山，從日治末期的岡山街、戰後的岡山鎮到今日的岡山區，雖一再更改行政區域的名，但今天她仍是臺灣人熟知的空軍人的故鄉，希望世人更知「岡山」亦是臺灣航空發展的重要源頭。在多年研究六十一空廠的歲月裡，除了搜尋各種可能的文獻史料外，從字裡行間尋找人名，再從甲人拉近認識的乙人，進行一次次的口述訪談，彷彿是在陪伴尚健在的歷史參與者一起在時光隧道裡用力往盡頭模糊的光點走去，六十一空廠的歷史不在官方或報章史料裡的遺珠才這樣一顆顆地被串接起來。為了明白歷史空間的變化，戰後由空軍機、通兩校接收的歷史也一併被納入研究，於是岡山比鄰的眷村裡，每日在午後微風輕擾的大樹下，聚集各省口音的人們翻讀一頁頁戰爭下小民悲涼的人生故事。被看見。

本書的出版是帶著虔誠的感謝，想著，在時間長軸上曾經走在岡山這塊土地的人們，有人第一次學修飛機、畫零件圖、有人開飛機從中國大陸來、有人帶著一身的專業來這裡教導學生航空概論，他們身旁的妻兒就被安置在日軍留下的眷舍並且住了大半輩子。本書紀念曾經的他們，謝謝他們每一個人為這塊土地延續多彩的生命，臺灣史必有屬於他們的印記。

空軍航空技術學院　林玉萍

研究過程與限制

本研究曾至國內的國史館台灣文獻館、國家發展委員會檔案管理局「國家檔案資訊網」、國防部政務辦公室「國軍史政檔案影像調閱系統」、日本亞細亞歷史資料中心（アジア歴史資料センタ，含括国立公文書館、外務省外交史料館、防衛省防衛研究所典藏的數位化史料文獻），以及日本的防衛省防衛研究所圖書館史料閱覽室、國會圖書館、靖國神社偕行文庫、水交會等相關館舍，對原日本海軍第六十一航空廠現存史料進行文獻蒐尋。

在諸多館舍的史料搜尋過程之中，也遭遇到一些難以克服的困境：

一、因為疫情的關係，進行本研究的期程之中，無法前往日本的實體館舍再進行進一步的史料蒐集，幸虧在過去幾年研究團隊已數度造訪日本各館舍，累積蒐集到相當多的相關史料文獻，尚可支持建構本研究基本架構所需的史料文獻資料庫。

二、國防部政務辦公室《國軍史政檔案》影像調閱系統、以及國家發展委員會檔案管理局「國家檔案資訊網」的檔案檢索系統方面，可能因為軍事相關資料的機敏性，導致檢索系統「後設資料」的建構嚴重不足，在檢索系統所揭露的檔案名稱之中，往往查不到內文的重要關鍵字。也就是必須大海撈針，額外調閱許多乍看之下並不相關的檔案，在內容中自行尋找相關的字眼，而非精準地進行搜尋。因此許多本研究實際需要的檔案文獻，即使仍留存在檔案資料庫中，也未必能被檢索找到。

另外在國軍檔案的部分，受限於部分檔案含括昔日的軍事機密，內容較為敏感，即使是有查到卷名，要申請調閱亦得經過層層審查，審查結果雖然大部分的檔案會核准提供，但調閱出來的可能僅剩下幾頁的往來公文，重要的附件已不知所蹤。另有部分檔案或是遭到拒絕提供、或是被遮蓋掩蔽大量的資訊後始能提供，這些障礙亦增加許多史料文獻搜尋的難度。

三、日本海軍航空六十一廠只存在於一九四一年至一九四五年之間，且因本廠曾遭美軍轟炸燒毀，臺灣留存的相關史料甚少，相關人士亦多已凋零。而是在日本方面，根據日本水交會提供的資料，即使是原本的六一廠日籍員工也僅在戰後早期舉辦過兩次聚會，當時的參加人數只有二十餘人，其後再也沒有相關的聚會，呈現失聯狀況。與航空六一廠直接相關的第一手專門著述，主要是收藏在日本防衛省防衛研究所戰史研究中心史料閱覽室的宮川義平〈大東亜戦争歴史資料　補給関係（海軍航空廠の部）〉一份手稿，以及田中春男的〈第六一海軍航空廠（台湾岡山）に於ける九三式陸上中間練習機の生産について〉、〈第六一海軍航空廠（台湾に於ける九三式陸上中間練習機の生産）の思出〉等兩篇手稿；偏偏這幾份當初由原作者提供給防衛省時即被設定為禁止複製，所以防衛研究所戰史研究中心史料閱覽室嚴格限制不得翻拍、掃描、影印，現場還有館員與閉路監視系統緊迫盯人。因此，國內近幾年曾先後前往日本防衛研究所圖書館史料閱覽室，親自調閱該批原件的幾批學者，也只能在有限的時間內各自挑選部分內容耗時手寫抄錄，除了附件的原始照片無法取得，抄錄內容可能不夠完整，亦會有抄錄筆誤或筆跡無法辨識的缺點。期待後續能有機會，透過合適的管道，取得該批手稿的完整複印本，彌補六一航空廠相關研究的不足。

陳信安

附錄

一、海軍第六十一航空廠維修保養之機種與品項

維修品項	維修機種名稱
飛機型號	初級滑空機、輕飛行機、零式艦上戰鬥機、零式練習戰鬥機、零式陸上輸送機、零式水上偵察機、零式觀測機、一式陸上練習機、一式陸上攻擊機、二式練習戰鬥機、二式中間練習機、二式初步練習機、二式飛行艇、十七式練習戰鬥機、九〇式陸上中間練習機、九〇式陸上練習戰鬥機、九〇式艦上練習戰鬥機、九三式陸上中間練習機、九三式陸上中間練習戰鬥機、九四式水上偵察機、九五式水上偵察機、九六式陸上攻擊機、九六式陸上輸送機、九六式艦上爆擊機、九六式艦上戰鬥機、九六式艦上練習爆擊機、九六式艦上練習戰鬥機、九七式飛行艇、九七式艦上攻擊機、九七式艦上練習攻擊機、九八式陸上偵察機、九九式艦上爆擊機、天山、月光、雷電、彗星等機型（含機體及其螺旋槳）。

維修品項	維修機種名稱
發動機型	金星（41、42、43、44、45、46、51、52、53）、火星（11、12、15、25）、瑞星（11、13）、榮（11、12、21）、天風（11）、天鳳（11）、光（1、3）、壽（二型改一、二型改二、41、42）等八大發動機系列。
兵器	航空計器、航法計器、動力計器、自動操縱裝置、通信兵器、搭載雜兵器、爆擊兵器、射擊兵器、光學兵器、照明兵器、寫真兵器、雜兵器、氧氣瓶、無線兵器、電氣兵器、訓練兵器共十六類。
補給關係	氣化器、磁石發電機、電動啟動器。

資料來源：防衛省防衛研究所藏，〈修理兵器月報調書 昭和17年8月22日—昭和19年8月16日〉，《海軍一般史料(5)航空關係—全般—96》。

二、海軍第六十一航空廠臺灣各地分工場作業別（疏開後）

分工場	地區位置	作業別	維修機種	備註
臺北地區（本部）	七星郡士林街	1.各地區之總合統制對外事項之處理 2.陸戰兵器製造、航空兵器補給造修（自動車、無線射爆）之補給造修	缺	指岡山航空六十一廠移轉至臺北總廠之後

分工場	地區位置	作業別	維修機種	備註
新竹地區	新竹州三灣、頭份、關西、新埔	航空兵器之補給造修（機體、發動機、無線電信、自動車）	艦上戰鬥機（零式艦上戰鬥機）、局地戰鬥機（紫電局地戰鬥機）、艦上爆擊機（九九式艦上爆擊機、彗星艦上爆擊機）、艦上攻擊機（天山艦上攻擊機）、雙發陸上攻擊機（一式陸上攻擊機）、水上偵察機（九四式水上偵察機）	
新社地區	臺中州豐原、神岡	航空兵器之補給造修（機體、機械工事、自動車）	艦上戰鬥機（九六式艦上戰鬥機）、艦上戰鬥機（零式艦上戰鬥機）、艦上攻擊機（九六式艦上攻擊機、天山艦上攻擊機）、艦上爆擊機（九九式艦上爆擊機）、雙發陸上攻擊機（一式陸上攻擊機）	
員林地區	臺中州員林	機體部品製造、發動機修理	缺	
臺南地區	臺南州臺南	航空兵器之補給並造修（機體、電氣、自動車）	缺	

分工場	地區位置	作業別	維修機種	備註
岡山地區	高雄州岡山	航空兵器之補給並造修（機體、電氣、自動車）	艦上戰鬥機（九六式艦上戰鬥機、零式艦上戰鬥機）、艦上爆擊機（九九式艦上爆擊機）、雙發陸上攻擊機（一式陸上攻擊機）、練習機（九三式中間練習機）、機上作業練習機（九〇式機上作業練習機）	
東港地區	高雄州東港	水上航空機補給造修	水上偵察機（九四式水上偵察機、零式水上偵察機）	

資料來源：國家檔案管理局〈臺灣海軍情報資料及各式圖表〉「航空廠修理機現狀」，檔號：B5018230601/0035/511.1/4010/1/002=0050、0051、0061。

參考資料

檔案

1. 20th Air Force, Headquarters XX Bomber Command APO 493, "RCM Report – Combat Mission No.11, Okayama, Formosa, 16 October 44 – Daylight, 23 October 1944",20th AF XX Bomber Command Mission No.11-12, 2 of 2 folders, October 16-17 1944. RG18, Box.5434 (NARA).
2. 18th Photo Intelligence Detachment, Headquarters Fourteenth Air Force, "Okayama Aircraft Plant" (From Photos of 12 Jan 1944 with Additions as of 29 June 1944), RG.226, A1 154, Box.87 (NARA)。
3. Air Planes (Army) B-29 Super fortress, 208 AA, Box.110 (NARA).
4. Air Plan – Army – Formosa, 208.AA, Box.10 (NARA).
5. Takao Scenes, 21, 22, 23, Oct. 1945, RG226, NM54 55, Box.3 (NARA).
6. 〈高雄要塞新設に関する件〉（1937），アジア歴史資料センター，檔號：

C01004317900。

7. 〈高雄地区守備隊兵力配備要図11部(4)〉，アジア歴史資料センター，檔號：C11110376500。

8. 国立国会図書館藏，第一復員局，〈第十方面軍作戦記録：臺湾及南西諸島〉，1946年。

9. 日本防衛省防衛研究所藏，《現在海軍諸例則》卷1，昭和16年7月，頁310-311。

10. 日本防衛省防衛研究所藏，〈修理兵器月報調書 昭和17年8月22日―昭和19年8月16日〉，《海軍一般史料(5)航空關係―全般―96》

11. 日本防衛省防衛研究所藏，《海軍主要官衙部隊一覽表》，1943。

12. 田中春男，〈第61海軍航空廠（臺湾・岡山）に於ける93式上中間練習機の生産について〉（請求番號：(1)中央―日誌回想―261），防衛省防衛研究所史料閲覽室。

13. 田中春男，〈第61海軍航空廠に於ける93中練生産の思出〉（請求番號：(1)中央―日誌回想―262），防衛省防衛研究所史料閲覽室。

14. 宮川義平，〈大東亜戦争歴史資料　補給関係（海軍航空廠の部）〉（請求番號：(1)中央―日誌回想―），防衛省防衛研究所史料閲覽室。

15. 20th Air Force, XX BomberCommand, Mission No.11and 12, October 16-17,1944.　第

20航空軍任務報告：任務編號 11-12（岡山），國家檔案管理局檔號：0033/0001/055/0001，圖號：C3260603001=0033=0001=055=0001=virtual001=0150。
16. 國家檔案管理局〈臺灣海軍情報資料及各式圖表〉，檔號：B5018230601/0035/511.1/4010/1/002、B5018230601/0035/511.1/4010/1/002=0050、B5018230601/0035/511.1/4010/1/002=0061。
17. 國家檔案管理局，國軍檔案「軍事接收總報告第三篇第四章起第九章止」（手寫稿），檔號：B5018230601=0034=002.6=4010.3=2=001=0131。
18. 國家檔案管理局典藏國軍檔案影像，檔號：B5018230601=0034=701.1=6010=virtual032=virtual012=0003。
19. 國軍史政檔案《空軍各機關學校部隊轉進臺灣經過報告書》，檔號 00025633,543.4/3010/1。
20. 〈臺灣省政府函為物資局經管臺北市…〉，（1977-05-25）：〈臺灣省議會史料總庫．檔案〉典藏號：0032230166015。
21. 鳳山地政檔案，《第六十一航空廠關係借地》，昭和19年9月。

日文專書

1. 財團法人海軍歷史保存會，《日本海軍史（第七卷）》，東京：第一法規出版株式會社，1995。

2. 日本海軍航空史編纂委員會彙編，《日本海軍航空史（2）軍備篇》，東京：時事通信社，1969 年。
3. 臺灣所在重砲兵連隊史編纂委員會，《臺灣所在重砲兵連隊史》，東京：臺灣所在重砲兵連隊史編纂委員會，1999 年。
4. 田北惟，《陸海軍軍事年鑑》，東京：財團法人軍人會館圖書部，昭和 16 年
5. 中村孝志，《日本の南方關與と臺灣》，日本奈良縣：天理教道友社，1988 年。

中文專書

1. 梁華璜，《臺灣總督府南進政策導論》，臺北：稻香出版社，2003 年。
2. 臺灣省警備總司令部接收委員會發行，《臺灣軍事接收總報告書》，臺北：正氣出版，1946 年。
3. 臺灣省警備總司令部編，《日軍佔領臺灣期間之軍事設施史實》影印本，臺北：臺灣省警備總司令部，1948 年
4. 臺灣省政府主計處編，《臺灣第七次人口普查結果表》，臺北：臺灣省政府主計處，1953 年。
5. 鍾堅，《臺灣航空決戰：美日二次大戰中的第三者戰場》，臺北：燎原出版，2020 年。
6. 王御風，《舊港新灣：打狗港濱戲獅甲》，臺北：遠足文化，2018 年。

7. 杜正宇、謝濟全、金智等，《日治下大高雄的飛行場》，臺北：新銳文創，2014 年。
8. 林景淵，《望鄉三千里：台灣少年工奮鬥史》，新北：遠景，2017 年。
9. 薛宏甫，《臺籍老兵的血淚故事》，高雄：高雄市政府文獻會，2009 年。
10. 賴樹明，《台灣棒球曾紀恩》，臺北：知道出版，1991 年。
11. 曾明財：《台灣人在眷村：我的爸爸是老芋仔》，臺北：允晨文化，2003 年。
12. 劉秀美，《淡水味覺 國民美術悲喜劇》，臺北：玉山社，2000 年。
13. 林玉萍，《臺灣航空工業史：戰爭羽翼下的 1935 年 ~1979 年》，臺北：新銳文創，2011 年。
14. 洪致文，《不沉空母 台灣島內飛行場百年發展史》，臺北：自費出版，2015 年。
15. 甘記豪，《米機襲來：二戰台灣空襲寫真集》，臺北：前衛，2015 年。
16. 張維斌，《空襲福爾摩沙：二戰盟軍飛機攻擊台灣紀實》，臺北：前衛，2015 年。
17. 劉天賦，《岡山老照片說故事》，高雄：岡山鎮公所，2010 年。
18. 廖欽福，《廖欽福回憶錄》，臺北：前衛，2005 年。
19. 楊双福，《岡山軍眷村發展史（1949-2007）》，高雄：春暉出版社，2014。
20. 周婉窈，《海行兮的年代：日本殖民統治末期臺灣史論集》，臺北：允晨文化，2003 年。
21. 國防部史政編譯室史政處出版社編輯部編，《眷戀 - 空軍眷村》，臺北：國防部史政編譯室史政處，2007 年。

22. 陳彥彰、孫建中，《中華民國空軍發展史》上冊，臺北：國防部政務辦公室，2019年。
23. 黃智偉，《全島要塞化：二戰陰影下的台灣防禦工事（1944-1945）》。臺北：如果出版，2015。
24. 林弘宣譯，《福爾摩沙及其住民：19世紀美國博物學家的臺灣調查筆記》，臺北：前衛，2009。

雜誌

1. 臺灣山林會，《臺灣の山林》，臺北：臺灣山林會，1935年3月。
2. 劉天賦編，《高雄文獻》第24期「岡山采風」，高雄：高雄縣政府。
3. 李適彰，〈「尋根」、「溯源」—抗戰時期臺灣之航空工業〉，《漢翔》第63期，2002年7月，頁28。

報紙

1. 〈內臺初飛行に　大竹記者か便乘　航空券は第一號　旅行記は新春の本紙に掲載〉，《臺灣日日新報》，1935年12月29日。
2. 〈內臺航空第一便　雁號三日朝發那覇　遇十米强風飛向福岡〉，《臺灣日日新報》，1936年01月04日。

3. 〈五國海軍軍縮會議　不同意我提案亦不別救濟　結局不外決裂〉，《臺灣日日新報》，日期：1936 年 01 月 11 日。
4. 〈岡山航空廠で工員募集〉，《臺灣日日新報》，日期：1942 年 07 月 21 日。
5. 〈海軍航空廠工員募集〉，《臺灣日日新報》，日期：1943 年 08 月 24 日。
6. 〈超空堡壘前日襲台灣 岡山被炸成火海〉，《中央日報》，日期：1944 年 10 月 16 日。

期刊論文

1. 曾令毅，〈二次大戰前日軍在臺航空兵力發展之初探（1927-1945）〉，《臺灣國際研究季刊》，第 8 卷第 2 期，2012 年夏季號。
2. 林玉萍，〈岡山街的巨輪──日本海軍第六十一航空工廠〉，《臺灣文獻季刊》第 73 卷第 1 期，2022 年。
3. 林玉萍，〈誰是英雄？紀念「空軍機械學校」、「空軍通信學校」遷台復校的那些人、那些事〉，《航空技術學院學報》第 11 卷第 1 期，2012 年。
4. 林玉萍，〈F-5E 戰機的種子教官：關於空軍「八大槌」的傳說〉，《航空技術學院學報》第 19 卷，2020 年

研討會論文

1. 陳啟仁、黃朝煌、陳威全，〈日治晚期飛行員宿舍建築研究 - 以岡山醒村飛官宿舍為例〉，中華民國建築學會第二十屆第二次，《建築成果發表論文集》，2008。

學位論文

1. 曾令毅，《近代臺灣航空與軍需產業的發展及技術轉型（1920s-1960s）》，臺北：國立臺灣師範大學歷史學系博士論文，2018 年 1 月。
2. 巫靜怡，《日治末期溪湖人的戰爭經驗（1937-1945 年）》，臺北：臺灣師範大學歷史研究所碩士論文，2008 年 7 月。

調查報告書

1. 高雄市政府文化局，《哈瑪星及周邊整體環境軍事遺址調查研究》，高雄：高雄市政府文化局，2021。
2. 高雄市政府文化局，《高雄市文化景觀原日本海軍航空隊岡山宿舍群（醒村）保存維護計畫暨保存暨計畫案》，高雄：高雄市政府文化局，2018。

網路資料

1. 財團法人台北市光智社會事業基金會，「光智營造廠主要施工業績」：http://www.brightwisdom.org.tw/Album_1.aspx?tid=158&id=174（瀏覽日期：2022.01.10）
2. 陳婉真，「陳婉真說故事》葉菊蘭的爸爸是逃兵！」，https://umedia.world/news_details.php?n=202104132013105315（瀏覽日期：2022.02.21）
3. 曾明財，「【眷村想想】左手打棒球、右手修飛機——巫乾龍歐利桑」，https://www.thinkingtaiwan.com/content/4768（瀏覽日期：2022.02.21）
4. 劉天賦，「阿公店溪社區雜誌部落格」，http://gangshancity.blogspot.com/（瀏覽日期：2022.02.24）
5. 林炳炎，「陳海沙（1895-1978）與光智商會」，網址：http://pylin.kaishao.idv.tw/?p=4191（瀏覽日期：2022.03.04）
6. 「前日本海軍第 61 航空廠工員黃明得回憶日治末期岡山大轟炸情形」（網址：https://memory.culture.tw/Home/Detail?Id=604069&IndexCode=Culture_Media）
7. 「前日本海軍 61 航空廠工員吳鬧卻談岡山大空襲」（網址：https://memory.culture.tw/Home/Detail?Id=594276&IndexCode=Culture_Media）
8. 「王文清口述歷史」（國家人權博物館，網址：https://humanrightstory.nhrm.gov.tw/home/zh-tw/video/327784?utm_source=pocket_mylist）
9. 「太康導航儀」（國家中山科學研究院，網址：https://www.ncsist.org.tw/csistdup/

products/product.aspx?product_Id=79&catalog=11）

10. The University of Texas at Austin，網址：https://maps.lib.utexas.edu/maps/ams/formosa_city_plans/。

口述訪談

1. 〈黃明得口述訪談〉，2006年11月29日於航空技術學院（林玉萍訪談），未刊稿。
2. 〈呂土城口述訪談〉，2006年11月29日於航空技術學院（林玉萍訪談），未刊稿。
3. 〈黃明得口述訪談〉，2022年3月16日於七股黃宅（邱睦容、林玉萍訪談），未刊稿。
4. 〈古山家蕭玉雲訪談〉，蕭伊伶訪談，未刊稿。
5. 〈大後協口述訪談〉，2021年10月02日於農家醬園（林玉萍、邱睦容訪談），未刊稿。
6. 〈梁顯義口述訪談〉，2022年4月17日於梁記商行（邱睦容、林玉萍訪談），未刊稿。
7. 〈劉炳榮、劉宇邦口述訪談〉，2021年11月3日於明德豆瓣醬工廠（林玉萍、邱睦容訪談），未刊稿。

致謝

特別感謝：黃明得

杜正宇博士、呂士城、吳炳炎、林依萍、林珈聿、武燕萍、周菊生、陳鼎和、陳存金、黃山年、曾伯豪、曾萬來、劉天賦、蔡明岳、楊育傑、賴英錡、蕭伊伶

大後協社區發展協會（楊明正、楊智誠、黃志盛、呂山田）

空軍航空技術學院（校史館）

明德食品（劉炳榮、劉宇邦）

春雨集團（李世和、林素秋）

梁記商行（梁顯義）

臺北市市政大樓公共事務管理中心（朱渼欣）

儀昌工廠股份有限公司（高文儀、杜碧珠）

國立故宮博物院（方倫連科長）

國防部政務辦公室（國軍史政檔案影像調閱系統）

國家檔案局（國家檔案資訊網）

（以上依筆畫排序）

註釋

序章

(1)〈黃明得口述訪談〉，2006年11月29日於航空技術學院（林玉萍訪談），未刊稿。

(2)整理自〈國軍空戰英雄與日本航空廠工員的時代對話〉講座。主辦單位：高雄市政府文化局，2020年12月26日。

(3)出自楊双福，《岡山軍眷村發展史（1949-2007）》，高雄：春暉出版社，2014。

(4)國家檔案管理局典藏國軍檔案，檔號：B5018230601=0034=701.1=6010=virtual032=virtual012=0003。

第一章

(1)曾令毅，《近代臺灣航空與軍需產業的發展及技術轉型（1920s-1960s）》，臺北：國立臺灣師範大學歷史學系博士論文，2018年1月，頁33-37。

(2) 〈內臺航空第一便　雁號三日朝發那覇　遇十米强風飛向福岡〉，《臺灣日日新報》，1936年01月04日。

(3) 關於「南進論」的討論可參閱參見中村孝志，《日本の南方關與と臺灣》，日本奈良縣：天理教道友社，1988年）；梁華璜，《臺灣總督府南進政策導論》，臺北：稻香出版社，2003年。

(4) 詳見曾令毅，《近代臺灣航空與軍需產業的發展及技術轉型（1920s-1960s）》，頁82。

(5) 相關討論詳見曾令毅，《近代臺灣航空與軍需產業的發展及技術轉型（1920s-1960s）》，頁96-100。

(6) 更多討論詳見王御風，《舊港新灣：打狗港濱戲獅甲》，臺北：遠足文化，2018年。

(7) 〈黃明得口述訪談〉，2022年3月16日於七股黃宅（邱睦容、林玉萍訪談），未刊稿。

(8) 財團法人海軍歷史保存會，《日本海軍史（第七卷）》（東京：第一法規出版株式會社，1995），頁443。田中春男，〈第61海軍航空廠に於ける93中練生產の思出〉（請求番號：（1）中央—日誌回想—262）（東京：防衛省史料閱覽室），頁6。杜正宇博士提供。

(9) 鍾堅，《臺灣航空決戰：美日二次大戰中的第三者戰場》（臺北：燎原出版，

2020年），頁72。

⑽ 鍾堅，《臺灣航空決戰：美日二次大戰中的第三者戰場》，頁72。

⑾ 曾令毅，《近代臺灣航空與軍需產業的發展及技術轉型（1920s-1960s）》，頁224。

⑿ 杜正宇、謝濟全、金智等，《日治下大高雄的飛行場》（臺北：新銳文創，2014年），頁237。

⒀ 海軍第61航空廠維修保養之機種與品項，詳見附錄1。

⒁ 整理自曾令毅，《近代臺灣航空與軍需產業的發展及技術轉型（1920s-1960s）》，頁232-246，關於九三式中間練習機的製作之於61航空廠的意義，論文中有更多討論。

⒂ 鍾堅，《臺灣航空決戰：美日二次大戰中的第三者戰場》，頁100。

⒃ 鍾堅，《臺灣航空決戰：美日二次大戰中的第三者戰場》，頁207。《哈瑪星及周邊整體環境軍事遺址調查研究》，頁2-71。

⒄ 薛宏甫，《臺籍老兵的血淚故事》，高雄：高雄市政府文獻會，2009年，頁195；賴樹明，《台灣棒球曾紀恩》，臺北：知道出版，1991年，頁34；曾明財，《台灣人在眷村：我的爸爸是老芋仔》，臺北：允晨文化，2003年，頁18-19；陳婉真，「陳婉真說故事》葉菊蘭的爸爸是逃兵！」，https://umedia.world/news_details.php?n=202104132013105315（瀏覽日期：2022.02.21）；曾明財，

「【眷村想想】左手打棒球、右手修飛機——巫乾龍歐利桑」，https://www.thinkingtaiwan.com/content/4768（瀏覽日期：2022.02.21）

(18) 參考自周婉窈，《海行兮的年代：日本殖民統治末期臺灣史論集》，臺北：允晨文化，2003，頁131-132。

(19) 參考自：田北惟編撰，《陸海軍軍事年鑑》，東京：財團法人軍人會館圖書部，昭和16年，頁136、141。

(20) 曾令毅，《近代臺灣航空與軍需產業的發展及技術轉型（1920s-1960s）》，頁227。

(21) 臺灣省警備總司令部接收委員會發行，《臺灣軍事接收總報告書》，臺北：正氣出版，1946，頁267-268；臺灣省警備總司令部編，《日軍佔領臺灣期間之軍事設施史實》影印本，臺北：臺灣省警備總司令部，1948年，頁13-17。參考自：曾令毅，《近代臺灣航空與軍需產業的發展及技術轉型（1920s-1960s）》，頁23。

(22) 1940年代的人口資料參考自：臺灣省政府主計處編，《臺灣第七次人口普查結果表》，臺北：臺灣省政府主計處，1953。

(23) 〈岡山航空廠で工員募集〉，《臺灣日日新報》，日期：1942年07月21日。〈海軍航空廠工員募集〉，《臺灣日日新報》，日期：1943年08月24日。

(24) 曾令毅，《近代臺灣航空與軍需產業的發展及技術轉型（1920s-1960s）》，頁

227。

(25) 曾令毅，《近代臺灣航空與軍需產業的發展及技術轉型（1920s-1960s）》，頁229、231。

(26) 林景淵，《望鄉三千里：台灣少年工奮鬥史》，新北：遠景，2017年，頁37、47。

(27) 曾令毅，《近代臺灣航空與軍需產業的發展及技術轉型（1920s-1960s）》，頁228。

(28) 〈黃明得口述訪談〉，2006年11月29日於航空技術學院（林玉萍訪談），未刊稿；曾明財，《台灣人在眷村：我的爸爸是老芋仔》，頁20-21。

(29) 薛宏甫，《臺籍老兵的血淚故事》，頁196；陳婉真，「陳婉真說故事》葉菊蘭的爸爸是逃兵！」，https://umedia.world/news_details.php?n=202104132013105315。

(30) 劉天賦編，《高雄文獻》第24期「岡山采風」，高雄：高雄縣政府，頁177、184。

(31) 出自：巫靜怡，《日治末期溪湖人的戰爭經驗（1937-1945年）》，臺北：臺灣師範大學歷史研究所碩士論文，2008年7月，頁76。

(32) 日本海軍航空史編纂委員會彙編，《日本海軍航空史（2）軍備篇》，東京：時事通信社，1969年，頁288-295。

(33) 參考自：國防部史政編譯室史政處出版社編輯部編，〈郭大春女士訪談紀錄〉，

《眷戀 - 空軍眷村》，臺北：國防部史政編譯室史政處，2007。

(34) 〈高雄要塞新設に関する件〉（1937），アジア歴史資料センター，檔號：C01004317900。

(35) 高雄市政府文化局，《哈瑪星及周邊整體環境軍事遺址調查研究》（高雄：高雄市政府文化局，2021）頁 2-48、2-49。

(36) 詳細過程見曾令毅，《近代臺灣航空與軍需產業的發展及技術轉型（1920s-1960s）》，頁 120-123。

(37) 高雄市政府文化局，《哈瑪星及周邊整體環境軍事遺址調查研究》，頁 3-33。

(38) 出自〈高雄地区守備隊兵力配備要図 11 部(4)〉，アジア歴史資料センター，檔號：C11110376500。

(39) 第一復員局，〈第十方面軍作戦記録：臺湾及南西諸島〉，1946 年（本件典藏於国立国会図書館），頁 133。

(40) 整理自「古山家蕭玉雲訪談」（蕭伊伶訪談，未刊稿）、「前日本海軍第 61 航空廠工員黃明得回憶日治末期岡山大轟炸情形」（網址：https://memory.culture.tw/Home/Detail?Id=604069&IndexCode=Culture_Media）、「前日本海軍 61 航空廠工員吳鬧卻談岡山大空襲」（網址：https://memory.culture.tw/Home/Detail?Id=594276&IndexCode=Culture_Media）

(41) 《中央日報》，日期：1944 年 10 月 16 日。

(42) 杜正宇、謝濟全、金智等，《日治下大高雄的飛行場》，頁215。

(43)「王文清口述歷史」（國家人權博物館，網址：https://humanrightstory.nhrm.gov.tw/home/zh-tw/video/327784?utm_source=pocket_mylist）

(44) 劉天賦編，《高雄文獻》第24期「岡山采風」，頁187-189。

(45)〈梁顯義口述訪談〉，2022年4月17日於梁記商行（邱睦容、林玉萍訪談），未刊稿。

(46) 杜正宇、謝濟全、金智等，《日治下大高雄的飛行場》，頁225。

(47) 出自：〈五 補給〉，《日本海軍航空史(2)軍備篇》，頁445。

(48) 出自：〈「尋根」、「溯源」—抗戰時期臺灣之航空工業〉，《漢翔》第63期，2002年7月，頁28。

(49)〈黃明得口述訪談〉，2022年3月16日於七股黃宅，未刊稿。

(50) 參見：張維斌，《空襲福爾摩沙》（臺北：前衛，2015）。

(51) Formosa Bomb Damage Survey Party, Bomb Damage Survey. Report No. 32-a (1), USSBS Index Section 6, 2 Jan, 1946, App. p.3.

(52) 20th Air Force, Headquarters XX Bomber Command APO 493, Annex M, Damage Assessment Report No.11, Target: Okayama Aircraft Assembly Plant, Okayama, Formosa, 23 October 1944, RG18 (NARA), p.1. 杜正宇博士提供；杜正宇、謝濟全、金智等，《日治下大高雄的飛行場》，頁203-219。

第二章

(1) 曾令毅，《近代臺灣航空與軍需產業的發展及技術轉型（1920s-1960s）》，頁 295-296。

(2) 整理自：空軍機械學校轉進報告、空軍通訊學校轉進報告、空軍軍官校轉進報告。出自：國軍史政檔案，檔號 00025633,543.4/3010/1，《空軍各機關學校部隊轉進臺灣經過報告書》（國防部史政編譯局，1950 年）。

(3) 節錄自〈空軍通校遷建紀念台序〉，校長方朝俊識，1950 年 11 月 15 日。

(4) 〈黃明得口述訪談〉，2006 年 11 月 29 日於航空技術學院（林玉萍訪談），未刊稿。

(5) 詳見林玉萍，〈F-5E 戰機的種子教官：關於空軍「八大槌」的傳說〉，《航空技術學院學報》第 19 卷，2020 年，頁 122 -136。

(6) 陳彥彰、孫建中，《中華民國空軍發展史》上冊，臺北：國防部政務辦公室，2019 年，頁 281。

(7) 國防部史政編譯室史政處出版社編輯部編，〈吳炳炎訪談紀錄〉，《眷戀—空軍眷村》。

(8) 說法出自國防部史政編譯室史政處出版社編輯部編，〈吳炳炎訪談紀錄〉，《眷戀—空軍眷村》。

(9) 引自黃智偉，《全島要塞化：二戰陰影下的台灣防禦工事（1944-1945）》，臺北：如果出版，2015，頁 116。

(10) 洪致文，〈臺灣飛行場考古—高雄飛行場〉，《軍事家全球防衛雜誌》310期，2010年，頁112；引自：「太康導航儀」，國家中山科學研究院，網址：https://www.ncsist.org.tw/csistdup/products/product.aspx?product_Id=79&catalog=11。

(11) 參見「日遺洞庫整修案」，檔號：47_0800.51_5810_1_32_00046023_023至026。

(12) 薛宏甫，《臺籍老兵的血淚故事》，頁197。

(13) 省政府與故宮換地的公文：〈臺灣省政府函為物資局經管臺北市…〉，（1977-05-25）：〈臺灣省議會史料總庫・檔案〉典藏號：0032230166015。

尾章

(1) 參考自曾令毅，《近代臺灣航空與軍需產業的發展及技術轉型（1920s-1960s）》，頁226。

攝影作品索引

林峻永：圖2、圖3

李訓：圖28

張簡承恩：圖30、圖31、圖32、圖33、圖34

黃楷聲：圖36、圖37、圖38、圖40、圖41、圖42、圖43、圖44、圖45、圖46、圖48、圖49、圖50、圖51、圖52、圖53、圖54、圖55、圖56、圖57

邱睦容：圖47、圖62、圖63、圖64、圖65、圖66

第六十一海軍航空廠々歌

一 仰ぐ新高峰遥か
我海鷲の母として
重き使命の本に立つ
第六十一航空廠

二 襟の翠も鮮やかに
一糸乱れぬ規律下に
粒なる汗に頰笑める
第六十一航空廠

轟鳴未曾遠去：
從日本海軍第六十一航空廠到岡山醒村

國家圖書館出版品預行編目（CIP）資料

轟鳴未曾遠去：從日本海軍第六十一航空廠到岡山醒村 / 邱睦容, 林玉萍, 陳信安作. -- 初版. -- 臺北市：蔚藍文化出版股份有限公司；高雄市：高雄市政府文化局, 2022.11
面； 公分
ISBN 978-986-5504-91-5（平裝）

1.CST：人文地理 2.CST：歷史 3.CST：高雄市岡山區

733.9/133.9/125.4 111015524

研　　究／林玉萍、陳信安
作　　者／邱睦容
指導單位／文化部、高雄市政府
出版單位／高雄市政府文化局
發 行 人／王文翠
企劃督導／林尚瑛、簡美玲、簡嘉論、曾宏民
行政企劃／王亦如、王珮榕
審查委員／王御風、田運良、張守真
編印發行／蔚藍文化出版股份有限公司
社　　長／林宜澐
總 編 輯／廖志墭
執行編輯／林韋聿
封面設計／鄭培哲
繪　　者／鄭培哲
內文排版／藍天圖物宣字社
共同出版／高雄市政府文化局
地址：802 高雄市苓雅區五福一路 67 號
電話：07-2225136
網址：https://www.kcg.gov.tw/Default.aspx

蔚藍文化出版股份有限公司
地址：110 台北市信義區基隆路一段 176 號 5 樓之 1
電話：02-2243-1897
臉書：https://www.facebook.com/AZUREPUBLISH/
讀者服務信箱：azurebks@gmail.com

總 經 銷／大和書報圖書股份有限公司
地址：24890 新北市新莊區五工五路 2 號
電話：02-8990-2588
法律顧問／眾律國際法律事務所　著作權律師／范國華律師
電話：02-2759-5585　網站：www.zoomlaw.net

印　　刷／世和印製企業有限公司
定　　價／新臺幣 350 元
I S B N／9789865504915　GPN／1011101434
初版一刷／2022 年 11 月

本書為文化部文化資產局
「原日本海軍航空隊岡山宿舍群（醒村）歷史補充調查計畫」成果